취업 앞에서
머뭇거리는
당신에게

취업 앞에서 머뭇거리는 당신에게

3일 만에 취업이 보인다

안시우 지음

지식
공간

3일이면 취업이 보인다

인생에 있어서 필요한 놀라운 세 가지가 있다.

의식주 衣食住

아침 점심 저녁

믿음 소망 사랑

머리 가슴 배

눈 코 입

육해공 陸海空

수년 전 휴대폰 광고 문구다. 카피라이터의 센스에 감탄하면서 광고를 봤던 기억이 난다. 그렇다. 모든 이론이나 개념은 3가지 핵심적인 것만 파악하면 나머지는 쉽게 해결된다. 그러고 보면 우리는 3의 법칙에 둘러싸여 살아간다. 과거/현재/미래, 가위/바위/보, 입법/사법/행정, 연극의 3요소, 씨름의 삼세판, 쓰리아웃제도 등이 그렇다. 물론 취업도 예외는 아니다. 취업에도 세 가지가 있다. 보다 정확히 말하면 취업에 성공하기 위해서는 3가지 허들을 뛰어넘어야 한다.

첫째 허들은 자기소개서, 둘째 허들은 면접, 셋째 허들은 당신 자신이다.

자, 셋째 허들은 잠시 접어두고, 앞의 두 개는 너무 뻔한가? 그렇다면 다음 질문에 답해보자.

Q. 자기소개서의 핵심은 스토리다.

당신의 답은 오(○)인가, 엑스(×)인가?

얼마 전 대한민국을 뒤흔든 '스토리'라는 단어 때문에 혼란을 겪을지 모른다. 그러나 답은 엑스(×)다. 스토리는 수단이다. 스토리는 음식 위에 얹은 알록달록 고명과 같은 것이다. 음식을 먹음직스럽게 만들기는 하지만 음식 맛을 보장하지는 못한다. 만일 당신이 스토리에만 치중하고 내용물에 공을 들이지 못하면 당신은 빛 좋은 개살구 취급을 받을지 모른다. '반짝인다고 다 금은 아니다.' 당신의 서류를 검토하는 인사담당자들이 늘 외우고 다니는 좌우명이다.

다음 질문이다.

Q. 면접의 핵심은 한 달 넘도록 잘 준비된 답변이다.

당신의 답은 오(o)인가, 엑스(×)인가?

자, 이쯤에서 당신은 분명 엑스를 선택할 가능성이 높다. 맞다. 이 답 역시 엑스다. 면접관들은 잘 준비된 답변을 좋아하지 않는다. 그렇다고 즉흥적인 답변을 좋아한다는 말은 아니다. 이 질문의 핵심은 '준비된 답변'에 있는 것이 아니라 '남의 답변'에 있다. 인터넷이든 책자든 좋은 답변이라고 알려진 글들이 있는데 그걸 그대로 외워서 답변하는 사람들은 탈락할 가능성이 매우 높다는 뜻이다. 오랫동안 인재 선발을 위해 경력과 실력을 쌓아온 기업체 인사담당자들은 당신이 남의 답을 베껴서 말하는지, 진짜 자신의 이야기를 하는지 그 정도 구분은 다 한다. 그들은 범행을 가리는 판사의 눈으로, 대출 심사를 하는 은행 직원의 눈으로 당신 이야기의 진정성을 파악한다.

그렇다면 이 책은 당신에게 어떤 답변을 주는가? 답은 이미 위에 적혀 있다. 스토리와 스펙이 범람하는 취업 시장에서 이를 뛰어넘을 수 있는 방법은, 스토리를 다듬을 시간에 기업체가 보고 싶어 하는 내용물을 찾아서 담는 것이다. 기업체는 구직자가 지닌 신주를 보고 싶어 한다. 그런데 구직자들은 자기 신주가 무엇인지 잘 모른다. 그래서 남의 진주를 들고 와서 그게 자기 것이라고 주장한다.

나는 지금껏 진주가 없는 구직자를 본 적이 없다. 여러분의 인생 주머니를 뒤져보면 분명 오랜 시간 공을 들여 다듬어온 진주가 있다. 그런데 여러분은 남의 주머니 속만 뒤진다. 기업 입장에서 별로 중시하지 않는 것만 찾아낸다. 기업체가 원하는 게 무엇인지 모르기 때문에 벌어지는 해프닝이다.

마찬가지로 면접에서 해야 할 답변들 역시 이미 당신에게 있다. 당신의 감춰진 매력만 잘 끄집어내면 충분히 어필하고도 남는다. 그러나 당신은 당신의 매력이 무엇인지 잘 모르고 있다. 이 책은 당신의 매력을 끄집어낼 수 있는 방법을 담고 있다.

참, 우리는 셋째 허들인 '당신 자신'을 간과하고 있었다. 마지막 질문이다.

Q. 회사에 입사하면 취업은 끝이다.

당신의 답은 무엇인가? 오(○)인가, 엑스(×)인가? 이번 답 역시 엑스다. 취업은, 입사했다고 끝나는 게 아니다. 왜 그런가 하면 서류에서 떨어지면 당신은 다시 처음부터 준비하여 신입사원 채용에 응모하게 된다. 마찬가지로 면접에서 떨어지면 당신은 다시 처음부터 준비하여 신입사원 채용에 응모하게 된다. 나아가 2년 안에 회사를 그만두면 당신은 다시 처음부터 준비하여 신입사원 채용에 응모해야 한다! 2년을 채우지 못한 사람은 경력을 인정받지 못하기 때문이다!

그래서 취업은 입사 후 2년까지 계속된다고 보는 것이 현실적인 판단이다.

그런데 생각해 보라, 화장실이 급한 사람은 일단 아무 곳에나 들어가려고 한다. 다행히 한 자리 차지하면 '오, 하느님 고맙습니다.' 안 믿던 신에게까지 감사 인사를 한다. 그런데 막상 급한 불을 끄고 나면 어떤가? 갑자기 화장지가 없다는 사실에 충격을 받고, 비데가 아니라는 사실에 황당해하고, 문고리가 헐거워 계속 붙잡고 있어야 한다는 사실에 분개하기까지 한다. 회사 상황으로 대입해보면 입사하고 보니 매일 야근하고, 실적 스트레스 받고, 상사에게 쪼이는 것과 다를 게 없다. 그래서 여기는 내가 있을 곳이 아니라고 생각한다.

왜 당신은 못 버틸 곳으로 자청해서 들어갔는가? 이 때문에 신입사원 세 명 중 한 명은 스스로 회사 문을 박차고 나와서 다시 신입사원 채용시험에 응시한다는 사실을 아는가?

당신이 2년 안에 회사 문을 박차고 나오는 이유는 파랑새 증후군 때문이다. 현실에 만족하지 못하고 새로운 이상만을 추구하는 마음의 병을 '파랑새 증후군'이라고 한다. 삼성경제연구소는 전공과 적성보다는 일단 취업하고 보자는 '묻지 마 지원'을 하거나 학력 수준과 맞지 않는 '하향 지원'을 한 신입사원일수록 파랑새 증후군으로 몸살을 겪는다고 설명한다.
그래서 우리는 취업을 가로막는 세 개의 허들을 다음과 같이 말할 수 있다.

서류에서 당신을 떨어뜨리는 사람은 그 회사 인사팀이다.
면접에서 당신을 탈락시키는 사람은 그 회사 면접관이다.
어렵사리 들어간 회사를 2년 안에 박차고 나오게 만드는 사람은 대부분 당신 자신이다.

취업 앞에서 머뭇거리는 당신에게

회사는 어렵게 뽑은 인재를 쉽사리 자르지 못한다. 대부분 자기 자신이 못 견뎌서 회사를 그만둔다. 그래서 마지막 허들은 당신 자신이다.

지금까지 우리는 세 가지 허들에 대해서 살펴보았다. 넘어야 할 게 많기는 하다. 그러나 희소식이 있다. 문제는 총 3가지이지만 답은 심플하게도 하나다. 자기소개서, 면접, 그리고 마지막 허들인 2년 버티기의 답은 바로 이렇다.

"회사와 당신의 교집합 찾기"

둘 사이의 공통점이라고 해도 좋다. 사랑하는 사람과 사귈 때 공동의 취미를 찾아서 데이트를 하듯, 취업노 기업과 당신의 교집합을 찾는 가운데 자연스럽게 '합격'으로 이어진다. 교집합을 찾기 위한 최소한의 시간이 3일이다.

아직도 나는 면접에서 떨어지고 도서관으로 향하는 구직자들을 많이 만난다. 도서관에서 자기소개서를 쓰는 것이라면 다행이지만 대개는 영어책을 펼쳐든다. 영어책이 당신의 불안감을 잠재워 줄 수는 있을지 모르지만 취업에 이르는 길을 알려주지는 않는다. 지금부터 3일이면 충분하다. 3일만 투자하면 취업에 대해서 어느 정도 감을 잡을 수 있다. 더 이상 취업 앞에서 머뭇거리지 않기를 바란다.

2013년 3월
안시우

취업 앞에서 머뭇거리는 당신에게

차 례

첫째 날 **"매력적인 스토리?
그것만으로는 부족하다."**

: 자기소개서 작성법

둘째 날 "당신의 목소리로 말하라!"
: 면접 통과하기

"취업은 속도가 아니라 방향이다"
: 취업의 완성, 입사 후 2년 버티기

셋째
날

"매력적인 스토리?
그것만으로는
부족하다."

: 자기소개서 작성법 :

입사지원서는 이력서와 자기소개서로 나뉜다. 소위 말하는 '스펙'은 이력서의 영역이다. 이력서는 숫자로 대변된다. 때문에 인사담당자의 주관이 개입될 여지가 없다. 컴퓨터 프로그래밍만으로도 지원자에 대한 평가가 가능하다.

하지만 자기소개서는 다르다. 정형화가 불가능하기 때문에 컴퓨터로 재단하기 어렵다. 결국 사람이 직접 읽고 판단해야 한다. 공채 시즌이 되면 인사담당자들이 며칠씩 밤을 새우는 이유이다. 서류전형의 당락은 이력서가 아닌 자기소개서에 달려 있다.

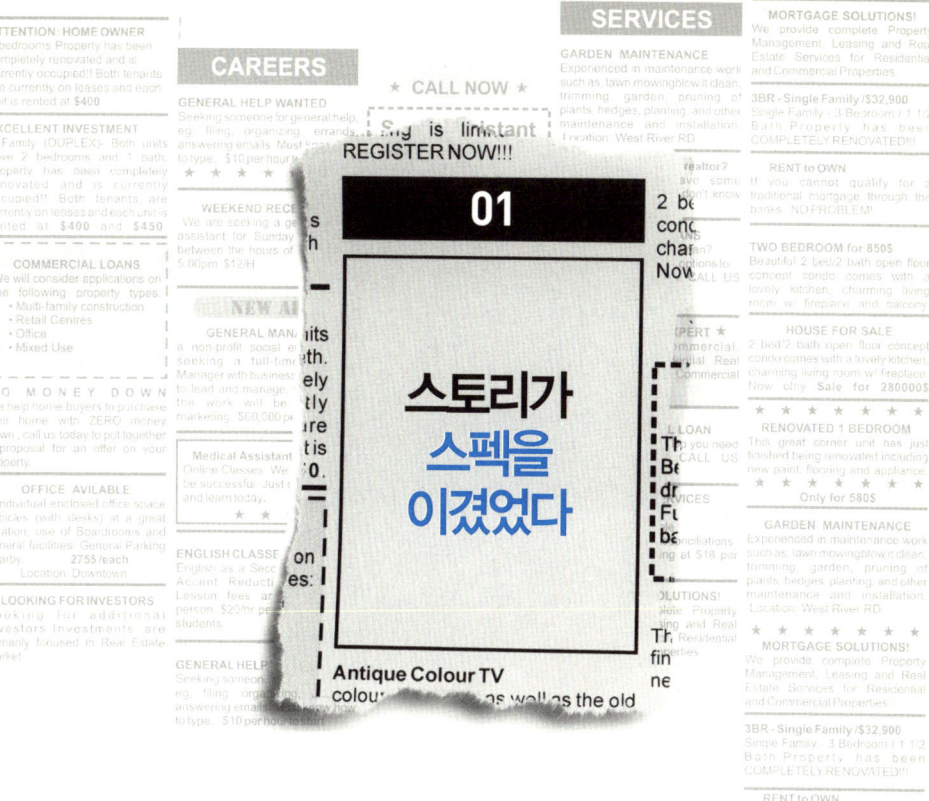

'단군 이래로 가장 많이 준비된 구직자'

요즘 대학생들에게 붙는 수식어 중 하나다. 단일 전공으로도 모자라 복수 전공을 하고, 그럼에도 3.5 이상의 학점을 유지하며, 높은 토익 점수와 영어회화 실력, 중상급 이상의 제2외국어 능력, 인턴 경험, 관련 분야 자격증, 공모전 참가, 다양한 아르바이트, 그리고 해외 경험까지……

19

물론 이 모든 스펙을 다 갖춘 구직자를 만나기란 쉽지 않다. 하지만 위에 나열된 스펙 중 2~3가지 부족한 구직자를 만나는 건 그리 어려운 일이 아니다. 경력 사원들이 신입사원을 보며 '내가 지금 지원했다면 입사하지 못했을 것'이라고 말하는 것도 괜한 엄살이 아니다.

스펙이 상향평준화 되다 보니 기업체로서는 사람 뽑기가 힘들어졌다. 스펙만 놓고 보면 누굴 뽑아야 할지 헷갈린다. 대안이 필요했다.

시대가 변한 것도 한몫했다. 스펙 중심의 인재 선발 방식은 80~90년대 일류기업들을 모방하면서 빠르게 성장했던 패스트 팔로워Fast Follower 전략일 때는 적합했지만 일류기업으로서 퍼스트 무버First Mover가 되어야 하는 현 시점에서는 적합하지 않았다. 다양한 경험과 열린 사고로 문제를 해결하길 바라는 기업들은 더 이상 이력서에 찍힌 스펙만으로는 자신들이 원하는 인재를 선별할 수 없다고 자각하기에 이르렀다.

결국 기업들은 지원자의 스펙 너머 무언가를 찾기 시작했고, 스펙을 취득할 때의 과정, 즉 '경험'에 관심을 기울이기 시작했다. 자연스럽게 이력서에서 자기소개서로 무게중심이 이동했다. 하지만 단순히 자기소개서에 경험을 나열하는 것은 이력서를 서술형으로 바꾼 것과 다를 바 없어 설득력이 떨어졌다. 그래서 경험을 '스토리'로 바꾸는 것이 효과적인 표현법으로 자리를 잡아갔다. 실제로 인사담당자들은 '잘 만들어진 스토리'에 마음을 빼앗겼다. 또한 SK텔레콤처럼 학점이나 토익 점수와 같은 숫자보다 특별한 경험 자체를 더 중시하는 기업들이 늘면서 스토리의 힘은 점점 막강해졌다.

하지만 최근 이런 경향에 제동이 걸렸다. '경험'을 스토리로 바꾸어 쓰다 보니 스토리 자체에만 치중하게 되는 웃지 못할 상황이 벌어졌다. '스토리는 정말 좋은데 그래서 어쩌라고?' 이렇게 묻는 기업이 점차 늘었다. 스토리에 파묻혀 메시지가 매몰되었기 때문이다.

자기소개서 컨설팅을 하면서 학생들에게 가장 많이 던지는 질문은 "그래서 이 이야기에서 하고 싶은 말이 무엇인가?"이다. 이때 학생들의 반응은 크게 두 부류로 나뉜다. 아무 생각이 없는 친구들과, 자기도 모르겠다고 말하는 친구들. 나는 전자를 〈멍 때림 유형〉, 후자를 〈나도 모르쇠 유형〉이라고 부른다. 애석하게도 '하고 싶은 말은 이거다.' 하고 기다렸다는 듯이 자신 있게 대답하는 친구들은 드물었다.

〈멍 때림 유형〉은 기계적으로 자기소개서를 채우는 유형이다. 이들은 자기소개서란 모름지기 자세하고 길게 쓰는 것이 미덕이라고 여긴다. 그래서 내용들이 구구절절하다. 공모전 경험을 언급하고 싶다면 참여하면서 겪었던 일만 쓰면 되는데 공모전에 참여하게 된 동기부터 시시콜콜한 내용까지 다 써내려 간다. 그래서 그들에게 "이 항목에서 하고 싶은 이야기가 무엇인가요?" 하고 물으면 '하고 싶은 이야기를 다 썼는데 다시 하고 싶은 이야기를 물으시면 저는 어쩌란 말입니까?' 하는 표정을 지어 보인다. 이때 표정들이 대부분 멍하다. 다음 예를 보자.

대학교 2학년, 발표연합동아리 스피치에서 '게릴라 스피치'를 했습니다. 그때로 돌아간다면 더욱 당당하게 멋진 스피치를 할 수 있을 것이라 생각합니다. 1분간 사람이 많은 장소에서 하고 싶은 이야기를 해야 했습니다. 준비 기간은 1주일이었고, 1주일 내내 그 날만 생각하며 무슨 이야기를 해야 하나, 사람 많은 곳에서 내가 큰 목소리로 말할 수 있을까 걱정이 태산이었습니다. 드디어 스피치 하는 날, 저는 대학로 한복판에 섰습니다. 그리고 준비해온 멘트로 스피치를 시작했습니다. "여러분 오늘은 2010년 4월 10일입니다. 2010년의 4분의 1이 지났는데 새해 계획들은 모두 잘 지키고 계십니까?"라고 서두를 시작하면서 사람들의 주목을 끌었습니다. 그러나 곧 팔다리가 후들후들 떨리기 시작했습니다. 준비했던 내용을 반도 끝내지 못하고 자리를 물러서고 말았습니다. 그 뒤로 학생회장 활동을 하면서 500명이 넘는 단과대학 신입생과 학부모님 앞에서 발표를 하고, 대학생 마케터 활동을 하면서 명동, 인사동을 다니는 동안 사람들 앞에 나서는 일이 두렵지 않게 되었습니다. 지금 제가 그때로 돌아가 대학로 한복판에서 1분 스피치를 한다면 보다 당당하게 좀 더 멋진 스피치를 할 수 있지 않을까 싶습니다.

KB 국민은행 인턴 자기소개서 '과거로 돌아간다면 어느 시점인지와 그 이유를 기술하라'는 항목에 대한 어느 학생의 답변이다. 자신이 겪은 일을 구체적으로 자세히 풀어서 썼다. 하지만 뭔가 많이 적기는 했는데, 무엇을 말하려고 하는지 감이 잡히지 않는다. 그래서 하고 싶은 이야기가 무엇일까? '이제는 스피치를 잘할 수 있다'인가, 아니면 '단점 극복을 위해 노력하는 인재'라는 건가? 장황하게 스토리만 있을 뿐 뚜렷한 메시지가 없다.

〈나도 모르쇠 유형〉 중에는 어휘력이 뛰어나거나 논리구조가 탄탄한 사람들도 많다. 문장도 간결해서 작성을 잘했다고 생각되는 경우도 왕왕 있다. 아래 예를 보자.

대학시절 Formula3 경기장에서 접한 웅장한 엔진소리. 아직도 그 순간을 생각하면 가슴이 두근거립니다. 이때 싹 튼 자동차 ECU에 대한 동경은 그 시절 수행한 작품에 고스란히 묻어 있습니다. 각종 모터와 센서를 조합한 로봇 시스템을 직접 설계/구현한 작품들이었는데 여러 대회에서 입상하여 그 완성도를 인정받았습니다.

전자공학을 전공하고 하드웨어 엔지니어를 꿈꾸는 공대생이 학창시절을 떠올리며 작성한 내용이다. 군더더기 없는 깔끔한 문장이다. 그런데 읽고 나서 드는 생각은 역시 '하고 싶은 이야기가 뭘까?'이다. 이런 경우 학생에게 작성 의도를 물어보면 "그러게요, 그게 문제네요. 뭔가 열심히 적긴 했는데 무슨 이야기를 하려고 했는지 저도 잘 모르겠어요."라고 말하는 경우가 태반이다.

왜 그럴까.

스토리에 매몰되어서 그렇다. 스토리텔링은 메시지를 전달하는 효과적인 도구일 뿐 메시지 자체는 아니다. 그런데도 스토리에 집중하게 되고, 그래서 메시지는 없고 껍질만 남게 된다. 포장이 요란한 선물상자와 같다고 할까?

그렇다면 왜 스토리에 치중하는 것일까.

당신이 스토리에 목을 매는 이유는 기업이 스토리를 원한다고 착각하기 때문이다. 기업이 듣고 싶은 건 스토리가 아니다. 스토리라는 그릇에 담겨 있는 내용물, 즉 메시지다. 더구나 오늘날에는 스토리를 잘 쓴 구직자들이 너무 많다. 이제는 도리어 메시지에 목마른 시대가 되었다. '장황하게 이야기만 늘어놓지 말고 네가 하고 싶은 얘기가 무엇인지 한마디로 요약해 봐!' 아마도 기업체 입장에서는 이렇게 말하고 싶은지도 모른다.

직장인들은 장황하고 애매한 이야기보다는 간결하고 정확한 메시지를 선호한다. 2002년에 출간된 〈원 페이지 프로포잘〉이라는 책이 있다. 기획서를 한 장으로 만들 때 메시지를 효과적으로 전달할 수 있다는 내용을 담은 책이다. 여러 페이지를 묶어서 계속 넘겨봐야 하는 기획서가 있고, 한 장으로 깔끔히 정리된 기획서가 있다. 물론 기업에는 수십 페이지에 달하는 기획서도 얼마든지 있다. 그러나 기업은 본질적으로 단순 명료한 것을 좋아한다. 질질 끄는 얘기는 싫어한다. 이런 이유로 〈원 페이지 프로포잘〉은 직장인들 사이에서 큰 인기를 끌었다.

한편 직장에 들어가면 크렉CREC이라는 이야기 전개 방법도 배우게 될 것이다. 보통 '스토리'는 기승전결이라든가 발단-전개-위기-절정-결말의 과정을 밟게 된다. 그런데 이 방법들은 '결과'가 늘 마지막에 나온다. 하고 싶은 말이 뒤에 나오니까 끝까지 다 읽어봐야 무슨 말을 하는지 알 수 있다. 반면 크렉CREC은 하고 싶은 말, 즉 결론을 제일 앞에 배치한 이야기 전개 방식이다.

Conclusion　결론
⋮
Reasoning　이유
⋮
Evidence　증거
⋮
Conclusion　결론

결론이 제일 앞에 있다. 그래서 첫머리만 보아도 이 사람이 무슨 말을 하고 싶어 하는지 알 수 있다. 일종의 두괄식으로, 우리가 알고 있는 스토리와 순서가 다르다.

〈크렉〉이든 〈원 페이지 프로포잘〉이든 기업체가 '간결한 메시지 전달'을 선호하는 이유는 명확한 의사 전달, 그리고 부족한 시간 때문이다. 구구절절 다 듣고 있을 만큼 한가한 회사는 없다.

아마 여러분은 드라마에서 이런 장면을 본 적이 있을 것이다. 사장이 엘리베이터를 기다리고 있고, 때마침 한 직원이 급하게 뛰어온다.

"사장님, 이번 프로젝트에 대해서 드릴 말씀이 있습니다."

"그래? 시간이 없는데 가면서 얘기해 주겠나?"

엘리베이터를 타면서 사장님께 보고한다. 주어진 시간은 7층에서 1층까지 내려가는 불과 1분도 채 안 되는 시간. 중간에서 타는 사람도 없다. 엘리베이터는 순식간에 6층, 5층을 거쳐 빠르게 4층, 3층으로 내려간다. 잠시 뒤 1층 엘리베이터 문이 열리고 사장이 흡족한 얼굴로 걸어 나온다. 그 뒤로 두 주먹을 불끈 쥐고 '예스!'를 외치는 직원이 보인다.

실제 직장에서도 종종 벌어지는 일이다. 당신이라면 이때 무엇부터 말하겠는가? 장황하게 이야기만 늘어놓을 것인가? 하고 싶은 말이 무엇인지 정해두지 않은 채 두서 없이 떠들기만 하면 사장은 '시간이 없으니 다음에 듣자'고 하거나 '정리해서 알려주게'라고 하거나 혹은 '그래서 하고 싶은 말이 뭔가?' 하고 면박을 주게 될 것이다.

아이디어가 채택되고 안 되고는 다음이다. 일단은 자신의 의사를 제대로 전달하는 것이 먼저다. 이런 이유로 기업체에서는 간결한 의사 전달을 중시한다.

그런데도 여러분은 메시지 없는 스토리만으로 자기소개서를 채운다. 알아서 메시지를 찾으라는 뜻인가?

첫째 날 "매력적인 스토리? 그것만으로는 부족하다."

불과 얼마 전까지도 스토리가 스펙을 이겼던 것은 분명하다. 그 덕분에 오늘날 스토리가 범람하기에 이르렀다. 그런데 더이상 스토리만으로는 변별력을 찾을 수 없는 시절이 되었다. 스토리만으로는 부족하다. 스토리를 넘어서는 그것, 마지막 한 방이 필요하다.

아직도 자기소개서를 쓸 때 반회장, 전교 회장, 과대표, 동아리 회장을 하면서 리더십을 길렀다고 쓰는가. 그렇다면 한 가지 물어보자.

"그대가 알고 있던 회장과 과대표, 동아리 회장은 모두 리더십이 있었던가?"

아마도 그렇지 않을 것이다.

자기소개서 강의 중에 나는 이 질문을 꼭 던진다. 하지만 수년 간 같은 질문을 던졌어도 단 한 번도 자신이 겪은 반장, 과대표, 동아리 회장이 모두 리더십이 있었다는 대답은 듣지 못했다. 대신 과대표가 누군지조차도 모른다는 답변은 몇 번 있었다. '닌자忍者, Ninja 모드'로 학교를 다니는 그 과대표도 자기소개서를 쓸 때는 '나는 과대표를 했으므로 리더십이 뛰어나다'라고 쓸 것이다.

많은 사람들이 '경험 = 실력'으로 착각하는 경향이 있다. 하지만 경험이 곧 능력은 아니다. 경험은 단지 가능성이다. 머스트must가 아니라 메이비maybe다. 그럴 가능성이 있을 뿐 진짜 그런지는 두 눈으로 보기 전에는 아무도 모른다. 그렇다면 무엇을 통해 그 사람의 실력을 가늠할 수 있을까?

답은 성과Performance다. 성과를 써야 한다. 과대표를 해서 리더십이 있는 것이 아니라 과대표를 하면서 리더십을 발휘하여 성과를 거둔 이야기를 써야 한다. 삼성의 인사정책 중 하나가 '성과 있는 곳에 보상 있다'다. 기업이 직원 평가를 할 때의 시각을 단적으로 보여주는 예다.

이는 채용에 있어서도 그대로 적용된다. 기업이 보고 싶어 하는 내용은 당신이 얼마나 성과를 잘 올리는 사람인가 하는 점이다. 따라서 당신은 자신이 거두었던 성과를 바탕으로 자기소개서를 작성해야 한다. 영화배우는 관객 수로 평가받고 가수는 실시간 차트 몇 위에 올랐는지로 평가받듯이 구직자는 성과를 통해 평가받는다.

물론 기업들이 최종적으로 파악하려고 하는 것은 성과 자체는 아니다. 성과를 통해 보려고 하는 것은 그 사람이 지닌 능력이다. 주어진 업무에서 언제라도 성과를 낼 수 있는 능력, 그것을 '역량'이라고 부른다.

• • •

지난겨울 안방을 뜨겁게 달구던 드라마가 있었다. 사람들은 이

드라마가 방영하는 날을 뿌요일이라고 불렀는데 그만큼 폐인을 양산한 드라마이기도 하다. 바로 SBS에서 방영한 〈뿌리 깊은 나무〉다. 극본, 연기력, 연출력 어느 하나 나무랄 데 없는 웰메이드 드라마다.

새로운 조선을 꿈꾸는 세종한석규 분과 그에 맞서는 밀본비밀조직의 수장 정기준윤제문 분이 두 축을 이루며 이야기를 끌고 간다. 두 배우의 명품 연기에 폭풍 감동을 하며 푹 빠져서 보고 있었는데 하루는 정기준이 자신의 수하들 앞에서 내뱉은 한마디 말 때문에 몰입이 깨졌다. 그가 한 대사 중에 "우리의 모든 지혜와 역량을 모아……"라는 부분 때문이다.

〈뿌리 깊은 나무〉는 한글 창제와 반포를 둘러싸고 벌어지는 이야기다. 시대적 배경이 한글이 창제된 1443년 전후다. 그런데 정기준의 대사에 나오는 '역량'이라는 단어는 당시 조선에서는 찾아볼 수 없는 말이었다. 아니, 조선만이 아니라 당시 세계 어디에서도 사용될 수 없는 단어였다. 왜냐하면 역량Competency은

하버드대 심리학과 교수인 데이비드 맥클랜드David McClelland 교수가 1973년에 처음 정의한 개념이기 때문이다. 300여 년이나 앞서서 그것도 지구 반대편에 있는 나라에서 당연히 알 수도 없는 말이다.

그렇다면 역량이란 무엇일까?
많은 학자들이 조금씩 다르게 정의를 내리고 있지만 공통적으로 언급되는 부분은 다음과 같다.

"역량이란 성과를 내기 위한 구체적인 행동양식을 말한다. 성과 수행에 핵심적인 지식Knowledge, 스킬Skill, 능력Ability, 태도Attitude로서, 관찰 가능하고 측정 가능하며 개발 가능한 행동특성이다."

복잡한가? 한마디로 줄이면 역량이란 '직무와 직결된 능력'이다. 이 말을 쉽게 풀면 '맡은 일에서 성과를 낼 수 있는 능력'을 말한다. 그래도 어려운가? 아주 쉽게 풀면 이렇다. 맡긴 일을 잘 처리하는 것! 이때 '잘'이라는 말이 함축하고 있는 의미를 다시 풀이한 게 '성과'다.

역량과 성과의 관계는 마치 태양과 빛의 관계와 같다. 우리는 태양을 똑바로 볼 수는 없지만 빛을 통해서 태양이 있다는 사실을 알 수 있다. 마찬가지로 우리는 역량을 두 눈으로 볼 수는 없지만 성과를 통해서 역량이 있다는 사실을 유추할 수 있다. 이처럼 역량과 성과는 매우 밀접한 관계에 놓여 있다. 아래 정의를 보면 알겠지만 역량은 '성과'로 정의되고, 성과는 '역량'으로 정의된다.

역량 ┄▶ 성과를 낼 수 있는 능력
성과 ┄▶ 역량을 확인할 수 있는 결과물

회사가 자기소개서를 보는 이유는 당신의 성과를 보기 위해서이고, 성과를 보고 싶어 하는 이유는 성과를 통해 역량을 추측

하기 위해서이다. 그러므로 자기소개서를 탈탈 털어서 '성과'가 툭 하고 떨어지지 않으면 당신의 자기소개서는 별로 흥미를 끌지 못한다.

한편 역량을 보다 구체적으로 알기 위해서는 직무라는 것도 알아야 한다. 왜냐하면 당신은 기업에서 일을 하게 될 것이고, 기업은 직무Job라는 기본 단위로 만들어진 조직이기 때문이다.

직무는 쉽게 말해 '맡은 일'이다. 이 직원에게 머리를 맡길 것인지, 팔을 맡길 것인지, 입을 맡길 것인지, 다리를 맡길 것이지 세세히 나누어 놓은 단위가 직무다. 보통은 인사, 회계, 영업, 마케팅, 홍보, 전산, 생산관리 등으로 구분된다. 당신은 이 중에서 한 가지 직무를 맡게 될 것이고, 그 직무를 수행하는 동안에 자신의 역량을 펼쳐 성과를 내게 된다. 회사가 직원을 관리하는 방식도 직무를 중심으로 한다. 당신의 근무 평가를 내릴 때도, 보상을 줄 때도, 연봉을 책정할 때도, 나아가 채용을 할 때도 직무가 기준이 된다. 직무란 이처럼 중요하다!

따라서 기업은 이 사람이 직무와 관련된 능력을 얼마나 지니고 있는지 살펴본다. 자연히 인사담당자의 역할도 직무라는 신발에 잘 맞는 발을 찾는 데 있다. 전문적으로 말하면 '직무적합성'을 본다. 직무적합성은 직무상의 역량이라고 바꾸어 말할 수도 있다.. 이를 위해 기업은 당신이 해당 직무와 관련된 지식Knowledge, 스킬Skill, 능력Ability, 태도Attitude를 얼마나 갖추었는지를 본다. 이를 확인하는 방법은 다시 강조하지만 지원자의 스토리경험담가 아니라 성과performance다.

자, 설명이 조금 복잡하게 느껴질 수도 있다. 그러나 하나만 기억하면 된다. 자기소개서에 담아야 할 메시지란 곧 성과다!

기업의 목적은 이윤 추구이고, 기업이 지속적으로 성장하기 위해서도 이윤을 내야 한다. 기업이 이윤을 내기 위해서는 직원 개개인이 반드시 성과를 올려야 한다. 때문에 역량을 〈고성과자들High Performer의 행동특성〉으로 정의하는 학자도 있다.

당신은 아마도 지금까지 스토리 중심으로 자기소개서를 작성해 왔는지 모른다. 그 스토리에는 당신의 경험이 담겨 있을 것이다. 그런데 경험이 곧 능력은 아니다. 하지만 성과는 다르다. 성과는 당신의 역량을 가늠할 수 있는 유일한 잣대이며 당신이 해당 분야에서 능력 있는 사람임을 입증하는 증거물이다.
이를 간단히 도식화하면 아래와 같다.

스토리 = 경험 ≠ 능력

성과 = 역량 = 능력

∴ 성과 〉스토리

시험을 볼 때 우리는 늘 출제자의 의도를 파악하고 그에 맞춰서 시험을 준비한다. 장시간 책상 앞에 앉아 있지 않아도 평균을 넘을 수 있는 이유는 수업 시간에 선생님이 강조한 내용을 제대로 기억하고 있기 때문이다. 그런데 왜 입사 시험에서는 인사담당자의 의도를 고려하지 않고 무작정 스토리만 나열하는가? 취업도 전략이다. 선발권을 쥐고 있는 인사담당자가 제

첫째 날 "매력적인 스토리? 그것만으로는 부족하다."

시하는 기준에 자기 자신을 맞춰야 한다. 기억하자. 이때의 기준은 감동이나 흥미, 재미가 아니라 당신이 이룬 성과다.

직무에 따라 필요한 역량이 다르다

자, 여기까지 잘 따라왔다면 당신은 이제 역량이란 직무별로 다르다는 점을 간파했을 것이다. 다음 표는 직무별 역량을 정리한 내용이다. 지원 분야에 필요한 역량이 무엇인지 살펴보도록 하자.

⋮ 직무별 역량

직 무	역 량
경영기획	• 해당 업종(제품)에 대한 지식 • 기본 재무/회계, 경영/경제 지식 • 분석력, 판단력, 전략적 사고, 창의력, 문장력, 설득력, 수리력, 기획력
인사/노무/교육	• 조직론, 노사관리론, 심리(상담)학 • 노사관련 법규 및 규정 • 객관성, 합리성, 의사소통, 분석력, 설득력, 사회성, 과묵함
총무	• 부동산 및 보험에 대한 일반지식 • 계약관련 법률 지식 • 조정능력, 준법성, 책임감, 고객지향, 인내력, 협조성, 상황대처력
회계/경리/자금	• 재무관리, 재무회계, 금융관련 법규 및 제도 • 세무회계, 국제금융 분석, 회계 기초지식 • 치밀성, 계산능력, 섭외력, 책임감, 분석력, IT활용능력, 판단력, 정확성
광고/홍보	• 취재보도 등에 대한 지식 및 경험 • 홍보 및 신문방송에 대한 전문지식 • 대인관계력, 문장력, 창의력, 의사소통, 정확성, 언어능력

첫째 날 "매력적인 스토리? 그것만으로는 부족하다."

법무/감사	• 관련 법규 및 규정 등의 법률지식, 기초 회계지식 • 정보수집력, 협상력, 설득력, 준법성, 대외섭외력
전산직	• IT, S/W, H/W 관련 지식 • 종합분석력, 논리성, 성취욕, 창의성, 신속성
구매/자재	• 원가 개념에 대한 이해, 무역실무 및 회계 관련 기초지식 • 제품(공정)에 대한 지식, 어학, 협상기술 • 설득력, 협상력, 어학능력, 사회성, 대인관계력
영업	• 산업심리, 마케팅, 전략 수립 • 사교성, 개척자 정신, 설득력, 목표지향성, 수리력, 도전성
마케팅	• 해당 업종(제품)에 대한 지식, 마케팅학, 소비자행동론, 경제/경영지식 • 기획력, 분석력, 교섭력, 의사소통능력, 수리력, 적극성, 목표지향성
해외영업	• 무역학, 산업심리, 마케팅, 전략 수립, 지역문화정보 • 사교성, 개척자 정신, 설득력, 목표지향성, 수리력, 도전성
연구개발	• 제품관련지식 및 관련 전공 • 어학능력, 창의력, 목표지향성, 분석력, 논리성, 기획력, 도전성
생산기술	• 품질관리지식, 기계공학, 재료공학, 제품 관련 지식 • 통계적 사고, 기술력, 문제해결능력, 엄격함, Data 분석력
제조	• 품질 및 안전 이해 • 문제해결능력, 주인의식

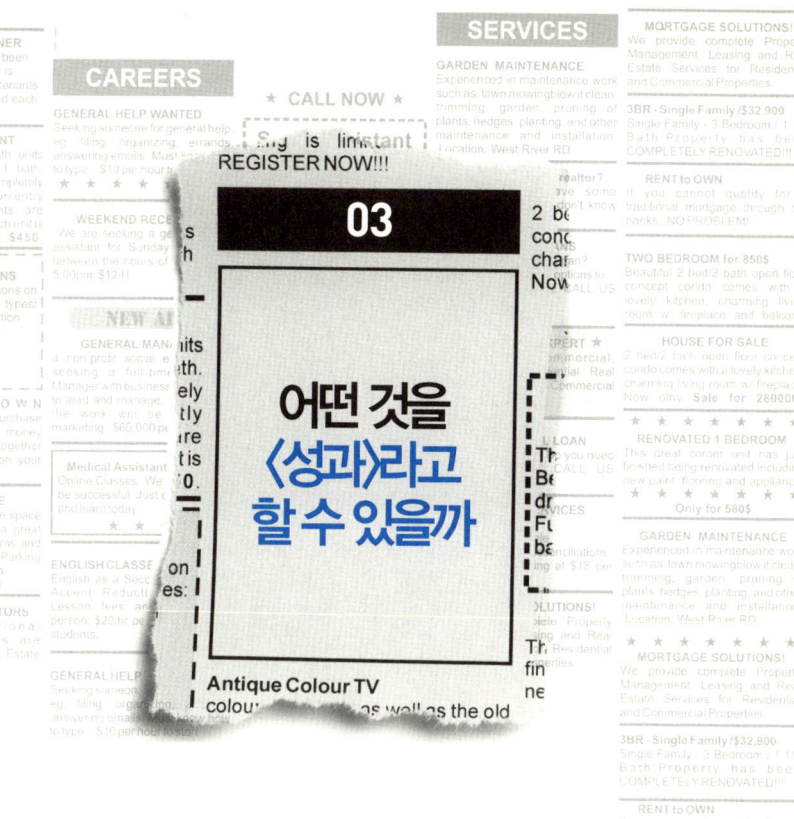

학생들을 상담하다 보면 자신이 이룬 성과가 얼마나 대단한지 모르고 그냥 흘려보내는 친구들이 정말 많다. "이런 것도 써도 되나요?" 하고 물어보는 내용들은 대부분 좋은 소재, 강조할 수 있는 성과인 경우가 많다. 학교생활을 하면서 특별히 이룬 것이 없다고 이야기하는 학생들치고 자랑할 만한 성과 한두 가지 없는 학생은 없다. 그럴 때마다 참 답답하다. 왜 가지고 있

첫째 날 "매력적인 스토리? 그것만으로는 부족하다."

는 무기들을 못 써먹을까? 대부분은 성과가 뭔지 잘 모르기 때문이다.

성과에는 다음과 같은 특징이 있다.

첫째, 수치화할 수 있어야 한다.

수치화할 수 없으면 측정할 수 없고, 측정할 수 없으면 평가할 수 없다. 따라서 수치화할 수 없는 것은 성과가 아니다. 기업에는 성과를 측정할 수 있는 도구가 있다. 핵심성과지표KPI, Key Performance Index라고 부르는 것으로 이를 통해 직원들의 직무 성과를 측정한다. 기업은 이 도구를 활용하여 모든 업무를 측정 가능한 형태로 만든 후 이에 따라 평가하고 보상한다.

10인 이내의 작은 기업이야 주먹구구식으로 직원을 평가하기도 하지만 대개의 기업들은 객관적인 수치로 성과를 측정한다. 당연히 자기소개서를 평가할 때도 이 방법이 쓰인다. 따라서 당신은 그 툴에 맞도록 자신의 성과를 수치로 바꿀 수 있어야 한다. 예를 들면 동아리 회원 가입률을 '10%' 향상시켰다든지, 다른 아르바이트생보다 판매 실적이 '20%' 정도 높았다든지 구체적인 수치가 나와야 한다.

나아가 성과가 아니더라도 수치화할 수 있는 건 모두 숫자로 바꾸는 게 좋다. 수치화를 통해 객관화가 가능하기 때문이다. 상담하던 학생 중에 휴학을 하고 6개월 정도 영어교재 통신판매 아르바이트를 한 친구가 있었다. 그 친구는 자신의 경험을 '2만 명과 쌓은 협상능력'이라고 표현했다.

둘째, 효율을 높여야 한다.

기업은 언제나 최소 투입, 최대 효과를 바란다. 때문에 효율성을 중시한다. 효율성이 높아졌다는 말은 낭비요소가 줄었다는 말이고 그에 따라 생산성도 함께 올라갔다는 뜻이다. 작업장 공구를 종류별로 정리하거나 근로자 동선을 최단거리가 되도록 장비를 배치하는 이유도 모두 효율성을 높이기 위해서다. 자신의 경험 중에서 효율성을 높인 사례가 있다면 성과에 해당

된다. 다음은 효율성을 향상시킨 사례다.

Z마트에서 숙녀복 판매 아르바이트를 할 때였습니다. 창고 내 물품이 뒤죽박죽 쌓여 있어서 고객이 문의하는 사이즈를 손쉽게 찾을 수 없었습니다. 하지만 아무도 개선하려고 하지 않으셔서 자발적으로 품목별로 대표 사이즈만 진열하고 나머지는 박스에 별도 정리를 했습니다. 정리 전에는 상품을 찾는 데 평균 7분이 소요되었지만 이후에는 3분이 채 걸리지 않았고, 더 많은 고객을 응대할 수 있었습니다. 그 결과 월요일임에도 평소의 2배가 넘는 800만 원의 매출을 올릴 수 있었습니다.

(※ 효율성을 높였다는 얘기를 수치를 통해 잘 보여준 사례이다.)

셋째, 시스템을 만들어야 한다.

시스템을 만드는 것도 효율성을 높이는 일이다. 하지만 이를 따로 소개하는 이유는 단순히 효율성을 높이는 것과는 차원이 다르기 때문이다. 시스템을 만드는 일은 무에서 유를 창조하는 것과 같다. 예를 들어 업무 시간을 줄이는 일은 단순히 효율성을 높이는 경우에 해당되지만 인력 자체를 불필요하게 만드는 일은 시스템을 만드는 일에 속한다. 시스템 창출은, 성과 중에서 가장 높은 평가를 받는 항목이다. 아래는 시스템을 만든 사례다.

군에서 행정병으로 복무할 때입니다. 본부 감사가 있어서 그 일을 담당하게 되었습니다. 그전에 감사를 받았던 목록들과 선임들이 만들어 놓은 매뉴얼을 참조하여 일을 진행했습니다. 하지만 자료들은 거의 쓸모가 없었고, 3명의 인원이 모두 각기 다른 파일을 출력해서 일일이 대조하는 작업을 해야 했습니다. 감사받기 직전까지 일주일간 작업이 계속되었고 감사는 무사히 넘어갈 수 있었습니다. 하지만 다음해에도 똑같은 일을 반복해야 된다는 생각에 근본적인 문제를 해결하고자 했습니다. 우선 워드로 작성된 파일을 모두 엑셀 파일로 바꾸었습니다. 그리고 각 시트별로 함수를 사용하여 하나의 시트 데이터만 변경되어도 다른 관련 시트의 데이터가 모두 변경되도록 하였습니다. 그 결과 다음해 감사 때에는 3명이 1주일 동안 작업했던 것을 저 혼자서 반나절 만에 마무리할 수 있었습니다. 제가 만들어

놓은 서식은 제대 후 3년이 지난 지금까지도 활용되고 있습니다.

이 세 가지를 적용시킬 수 있는 사례가 있다면 적극 어필하자. 이게 인사담당자들이 당신의 자기소개서에서 보고 싶어 하는 내용들이다.

자, 자기소개서에서 가장 핵심이 되는 이야기를 지금 방금 마쳤다. 아마 여러분은 뭔가 감을 잡았을 것이라고 생각할 것이다. 그러나 이게 끝은 아니다. 자기소개서를 완벽히 작성하기 위해서는 다음에 소개하는 〈자기소개서 5단계 작성법〉을 거쳐야 한다. 물론 어렵지 않다. 제대로 따라오기만 한다면 말이다.

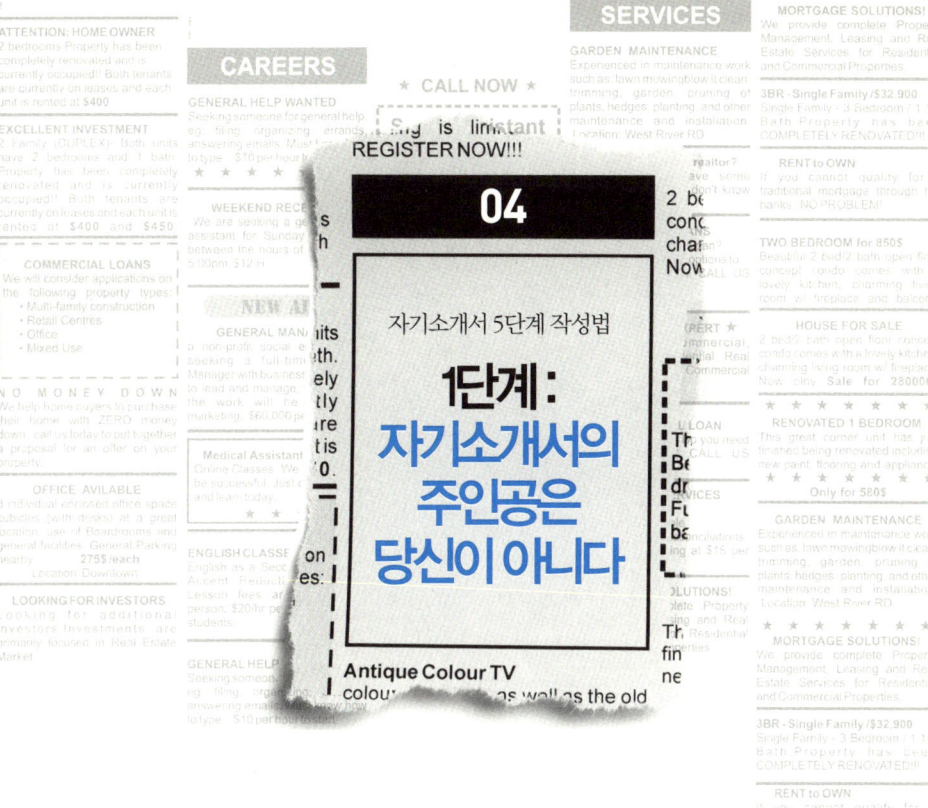

자기소개서의 주인공은 누굴까?

대답해 보라. 자연스레 머리를 스치고 지나가는 답이 있을 것

이다. 강의할 때 학생들에게 이 질문을 던지면 거의 모든 학생

들이 당신과 똑같이 대답한다.

"자기소개서의 주인공은 〈나〉 아닌가요?"

개중에는 이상한 낌새를 채고 새로운 답을 찾으려는 사람도 있다. 하지만 다른 답이 얼른 떠오르지 않는다. 왜냐하면 당신은 무의식중에 '자기소개서의 주인공은 나다.'라고 철석같이 믿고 있었기 때문이다. 심지어 취업 관련 서적을 봐도 자기소개서의 주인공은 '나'라고 버젓이 적혀 있다.

그러나 자기소개서의 주인공은 당신이 아니다! 아니, 될 수도 없고 되어서도 안 된다!
이런! 자기소개서인데 자기가 주인공이 아니라니!! 내가 주인공이 아니라니!! 충격이 대뇌 전두엽까지 전해 오는가?

인정하고 싶지 않을 수도 있다. 그럼, 질문을 바꿔보자.
주식회사 한국이라는 기업에 마케팅 직무로 지원하려는 홍길동이라는 구직자가 있다고 치자.

주식회사 한국은 〈인간 홍길동〉을 뽑을까? 〈마케팅 전문가 홍길동〉을 뽑을까?

당연히 〈마케팅 전문가 홍길동〉이다. 마케팅 직무에는 마케팅을 잘할 것 같은 사람을 뽑는다. 그런데 많은 구직자들은 자기소개서니까 〈인간 홍길동〉에 대해서 쓰는 것이 당연하다고 여긴다. 심지어 취업 컨설턴트 중에도 그렇게 생각하는 사람이 있다. 아니 많다.

그렇다면 자기소개서의 주인공은 누구란 말인가?

자기소개서의 주인공은 〈직무〉다.

당신이 아니라 직무가 주인공이 되어야 한다. 홍길동의 경우 '마케팅'을 자소서의 주인공으로 삼아야 한다는 말이다. 보다 정확히 말하면 자기소개서의 모든 항목은 직무를 중심으로 작성되어야 한다.

우리는 당신을 여러 각도에서 비리볼 수 있다. 성별로, 연령대로, 생김새로, 정치관으로, 성장환경으로, 다닌 학교로, 친구관계로, 사고방식으로…… 얼마든지 다양한 각도에서 당신이라는 사람을 파고들 수 있다. 그러나 기업은 이런 데 관심이 없다. 기업의 유일한 관심은 직무이다. 기업은 철저히 직무라는 안경으로 당신을 바라본다.

따라서 당신은 직무와 관련된 당신의 모습을 자기소개서에 담아야 한다. 예컨대 '나 홍길동은 마케팅을 하기 위해 태어났고, 마케팅을 하기 위해 적합한 성격을 가지고 있으며, 마케팅을 하기 위해 대학에 다녔으며, 마케팅을 하기 위해 학교생활 외에도 다양한 활동을 했으며, 최종적으로 마케팅을 하기 위해 지금껏 준비를 했기 때문에 나는 필연적으로 마케팅 직무에 지원합니다.'라고 써야 한다.

입사서류 컨설팅을 진행하다 보면 멘붕을 겪는 학생들을 자주 만난다. 자기소개서를 처음부터 다시 써야 하는 경우가 대부분이기 때문이다. 집에서 작성해온 자기소개서를 첨삭하는 게 이 프로그램의 취지인데 써온 게 무용지물이 되어버렸으니 난감할 만하다. 그들의 자기소개서가 휴지조각이 되는 이유는 〈직무〉가 없기 때문이다.

기억하라. 직무 없는 자기소개서는 주인공 없는 영화와 다를 바 없다는 사실을 말이다.

자기소개서라는 것을 쓰려고 마음을 먹었다면 당신은 무엇보다 먼저 직무를 선택해야 한다. 직무를 고르지 않은 상태에서는 '성과'도 쓸 수 없게 된다. 대충 얼버무려서 쓰려는 사람도 종종 있는데 어느 직무에 지원할 것인지 정하지 않은 상태에서는 대문장가의 도움을 빌리더라도 제대로 된 자기소개서는 탄생하지 않는다. 마찬가지로 두 가지 직무를 동시에 염두에 두고 쓰는 자기소개서도 의미가 없다. 하나의 뚜렷한 목표, 하나의 명확한 직무를 선택한 뒤에 작성해야 한다.

혹시 작성해 둔 자기소개서가 있다면 꺼내서 들여다보라. 주인공이 당신인가, 아니면 직무인가? 주인공이 직무가 아니라면 처음부터 완전히 새롭게 써야 한다. 더 이상 서류전형에서 '광탈'하지 않으려면 말이다.

회사는 '나'라는 사람을 뽑는 것이 아니라 '특정 직무에 지원한 나'를 뽑는다. 그러나 이때의 '나'는 아무 회사나 가리지 않고 지원하는 '나'가 아니라 우리 회사에 지원한 '나'가 되어야 한다. 마지막으로 당신이 정해야 하는 것은 '기업'이다.

이제 당신의 손에는 세 단어가 주어졌다. 이 세 가지가 겹치는 부분이 교집합이다. 그 교집합을 담아내는 것이 자기소개서다.

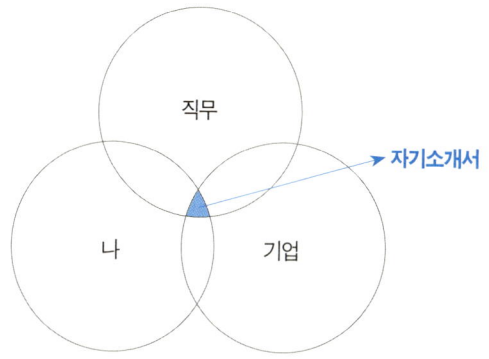

100점짜리 자기소개서. 직무와 기업, 그리고 나의 교집합을
고스란히 옮겨 담으면 자기소개서는 끝난다.

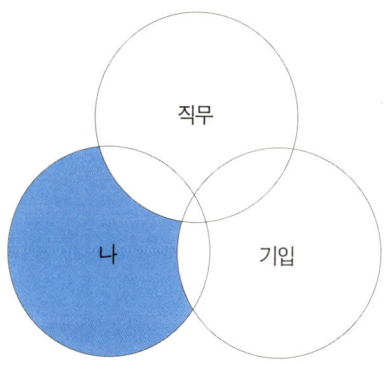

0점짜리 자기소개서. 직무와 기업을 쏙 빼놓고
나에 대해서만 작성하면 떨어질 확률이 높아진다.

첫째 날 "매력적인 스토리? 그것만으로는 부족하다."

직무와 기업에 대한 고려 없이 자기 자신에 대해서만 나열하는 것이 자기소개서를 작성할 때 저지르는 일반적인 오류이다. 그렇다 보니 성장과정은 배려, 어울려 살기 등이요, 성격의 장단점은 성실, 긍정적, 대인관계 원만, 책임감 등이며, 학교생활은 동아리 활동, 해외연수, 공모전 참가, 봉사활동 등이 되고, 지원동기 및 포부는 성장에 일조, 10년 뒤 전문가가 되겠다 따위가 된다. 읽다보면 이 사람을 자선사업가로 추천해야 할지 다시 학교로 돌려보내야 할지 헷갈린다.

다시 한 번 강조한다. 앞의 그림을 머릿속에 두고 개념화시킨 상태에서 '나는 이 일을 하기 위해 태어났고, 이 일을 하기 위해 적합한 성격을 가지고 있으며, 이 일을 하기 위해 대학에 다녔으며, 이 일을 하기 위해 학교생활 외에도 다양한 활동을 했으며, 최종적으로 이 일을 하기 위해 지금껏 준비를 했기 때문에 나는 필연적으로 이 직무에 지원합니다.'라고 써야 한다.

참, 한 가지 빠뜨리고 하지 않은 얘기가 있다. 여러분이 싫어할 만한 이야기다. 위의 세 가지 내용, 즉 〈직무, 기업, 나〉라는 3가지 요소는 그냥 떠오르는 대로 정하고 교집합을 찾는 것이 아니라 '분석'이라는 골치 아픈 과정을 거쳐야 한다.

분석을 너무 어렵게 생각하지는 말자. 분석은 재료 손질 과정이라고 보면 된다. 예컨대 국을 끓일 때 마늘이나 파 따위의 재료를 통째로 집어넣는 사람은 없다. 콩콩콩 다지거나 송송송 썰어서 넣는다. 마찬가지로 자기소개서에 쓰는 재료도 통째로 그냥 집어넣는 것이 아니라 손질하는 과정이 필요하다. 그게 분석이다.

대부분 '분석'이라는 단어를 들으면 머리를 쥐어 싸매거나 혹은 시간 타령을 한다.

'자기소개서 쓰는데 무슨 분석까지나? 그것도 한 가지도 아니고, 세 가지씩이나? 그냥 항목별로 맞춰서 쓰면 안 되나? 회사를 한 군데만 지원할 것도 아닌데, 지원할 때마다 매번 분석을 해야 된다는 얘긴가? 시간 없는데 언제 그러고 있어?'

첫째 날 "매력적인 스토리? 그것만으로는 부족하다."

물론 생각한 대로 분석 없이 그냥 써도 무방하다. 단 서류 합격은 장담 못한다.

그렇다면 이 3가지는 어떻게 분석해야 할까? 〈나〉에 대한 분석 방법은 다음 꼭지에, 기업과 직무에 대한 분석 방법은 3장에서 다루도록 하겠다.

읽다보니 할 게 너무 많고, 갑자기 취업이 어렵게 느껴지는가? 그렇다면 제대로 따라오고 있는 것이다. 한 번도 제대로 준비해 본 적이 없으니 어려운 것은 당연하다. 이 어려운 과정을 통과하지도 않고 쉽게 쉽게 하려다 보니 안 그래도 어려운데 더 더욱 어렵게 느끼지는 것이다.

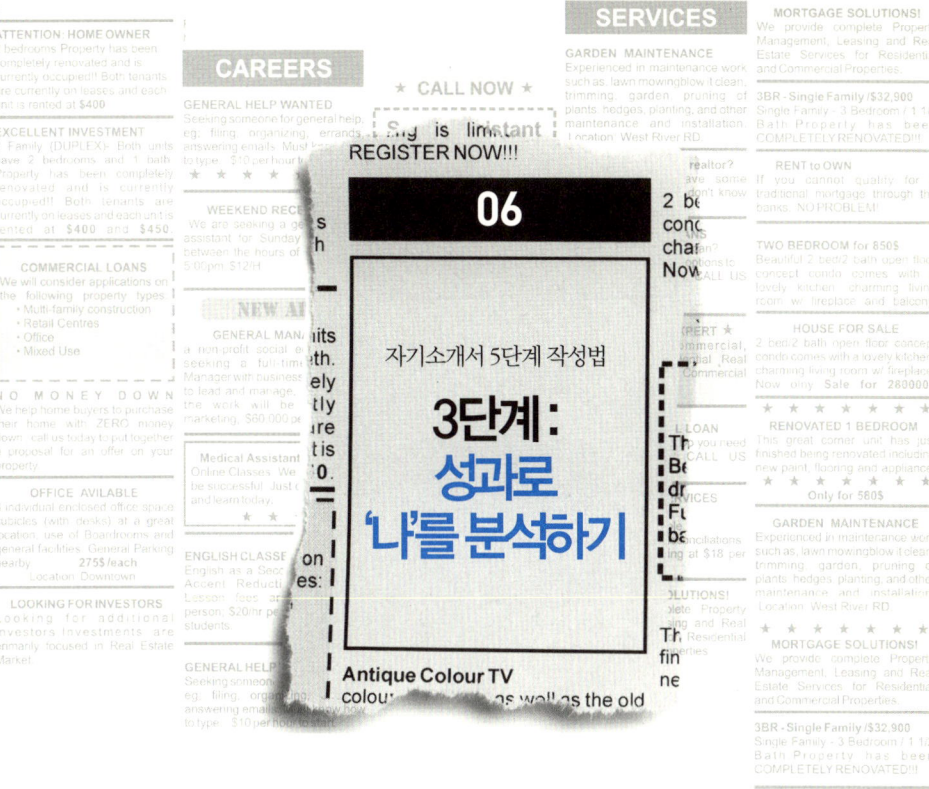

세상에서 제일 위험한 사이는 '아는 사이', 그보다 더 위험한 사이는 '나도 모르는 사이'다. 나도 모르는 사이 시간은 속절없이 흘러간다. 하지만 강물 흐르듯 그냥 흘려보낸 시간이란 게 있을까? 정말 아무것도 하지 않고 마치 식물인간처럼 꼼짝도 하지 않고 시간을 보내기만 했을까?

'정말 나는 한 게 아무것도 없다'고 말하는 사람이 있다. 고해성사를 하듯 백지 자기소개서를 내놓고 '나는 정말 한 게 하나도 없다'고 말하는 학생이 있다.

하지만 그 얘기는 '입 닫고 밥 먹으라'는 말처럼 말이 안 되는 이야기다. 한 것이 아무것도 없는 사람이 대학을 다니고, 아르바이트를 하고, 동아리 활동을 하고, 친구를 사귀고, 인맥을 쌓을 수는 없는 법이니까.

늘 함께 있지만 마음먹고 다가서려면 낯설어지는 존재, 잘 안다고 착각하고 신경을 꺼두는 존재, 바로 '나 자신'이다. '자신의 장단점에 대해 이야기해보세요'라는 이 단순한 질문에 우리는 꿀 먹은 벙어리마냥 입을 다물게 된다. 늘 하는 말처럼 당신이 당신을 사랑하지 않으면 누가 당신을 사랑하겠는가? 마찬가지로 당신이 당신을 모르면 누가 당신을 알겠는가?

자기이해를 도와주는 툴Tool은 많다. 직업 흥미를 확인할 수 있는 홀랜드Holland 검사와 스트롱Strong 검사, 성격을 파악할 수 있는 MBTI 검사, 그 외에 직업가치관 검사까지. 각 학교 취업부서나 학생생활연구소 등 상담 부서에 가면 대부분 검사가 가능하다. 아직 한 번도 해본 적이 없다면 받아볼 것을 권한다그러나 이 책에서 권하는 필수 요건은 아니다. 참고로 이들 검사에 대해서는 〈셋째 날, 취업은 속도가 아니라 방향이다 – 2년 버티기의 시작, 내 속의 또 다른 나 알기〉에 자세한 내용이 있으므로 참조하기 바란다..

이러한 검사들은 공통적으로 '본 검사는 피검자가 무엇을 해야 한다고 설명할 수 없다'는 단서를 꼭 달아둔다. 말 그대로 '나는 이러한 성향의 사람'일 뿐, 그 자체로 어떤 것을 잘할 수 있다고 단정 짓지는 않는다. 왜냐하면 자기이해 툴들이 능력 검사를 하는 것은 아니기 때문이다. 따라서 실질적으로 자신을 이해할 수 있는 방법은 사신의 과거 경험을 분식하는 것이다. 경험을 분석하면 흥미나 가치관뿐 아니라 능력도 함께 확인할 수 있다는 장점이 있다.

경험을 분석하기 위해서는 '경험 정리'가 사전에 이루어져야 한다. 경험 정리의 순서는 이렇다.

  1) 당신이 어떤 경험을 했는지 간단하게 목록 작성하기

  2) 목록에 따라 자세히 적기

경험의 소재는 전공, 동아리, 아르바이트, 봉사활동, 인턴, 공모전, 해외경험 등에서 찾으면 된다.

1번 〈목록 작성〉은 다음의 4가지 가이드라인에 따라 작성한다.

① 한 줄 이내로 작성

목록 작성이기 때문에 짧고 간결해야 한다.

② 명사형 어미로 종결

명사형 어미로 종결해야 문장이 간결해지고, 표현하고자 하는 내용이 명확하게 드러난다.

③ 무엇What을 했는지 작성

처음부터 성과를 쓰려고 하면 생각이 막혀서 잘 떠오르지 않는다. 우선 과거에 어떤 일을 했는지 간단히 목록을 쓰는 것이 좋다. 잘하고 못했던 것을 떠나 경험했던 것을 정리하는 것이 가장 큰 목적이다. 이때 구체적인 성과가 떠오르면 쓰고, 떠오르지 않으면 안 써도 무방하다.

④ 실패 사례도 반드시 포함

자기소개서 항목이나 면접 질문 중에 실패 사례에 대한 항목이 반드시 있다. 실패의 기록은 도전의 기록이다. 그만큼 에너지가 많고, 도전정신이 강하다는 것을 확인할 수 있는 것이 실패의 기록이다. 실패는 실패 자체가 중요한 것이 아니라 실패를 어떻게 극복했는지가 중요하다. 자기소개서나 면접 준비를 위해 반드시 작성해야 한다.

다음은 〈목록 작성〉 예시이다.

번호	성공 경험담
1	KT '컨버전스 디바이스' 프로젝트 1등
2	네팔 마을회관 짓기 자원봉사
3	SBS ESPN 방송 출연
4	수영장에서 자유형 마스터 및 대인관계 확대
5	은행 전산 입력 아르바이트
6	마케팅 공모전 도전 실패
7	G20 정상회담 통역 봉사
8	아웃백 서빙 아르바이트
9	창의공학설계 과제 A+ 학점
10	겨울 방학 동안 책 100권 읽기

샘플을 참조하여 여러분도 성공 경험담 목록을 한번 작성해 보자.

:: **나의 성공 경험담 목록**

번호	성공 경험담
1	
2	
3	
4	
5	
6	
7	
8	
9	
10	

Tip. 목록을 작성할 때는 최소 10개 정도는 작성을 해야 한다. 그렇게 해야 이후 면접을 할 때 어떤 질문을 받더라도 근거 있는 답변을 할 수 있게 된다.

자, 목록 작성을 마쳤다면 이번에는 목록 중 하나를 골라 〈2번

목록에 따라 자세히 적기〉를 해보자. 이때 START 기법으로

작성하면 편리하다. START 기법은 내가 지난 10년간 취업 준비를 하는 학생들을 컨설팅하면서 효과적으로 경험을 정리하고 전달하기 위해 개발한 것으로, 많은 학생들이 자기소개서와 면접을 볼 때 유용하게 활용하고 있는 툴이다.

: Ahn's START 경험 정리 기법

START	내 용
Situation	어떠한 상황에서 무엇(목표, Task)을 하는 것이었는데
Trouble	어떠한 갈등과 어려움(문제, Problem)이 있었으며
Action	이를 해결하고 목표를 달성하기 위해 나는 어떠한 행동을 하였고
Result	결과(성과, Performance)는 어떠했으며
Taken	여기서 내가 얻은 것(역량, Competency)은 무엇이다.

예컨대 위의 성공 경험담 중에서 3번째 있었던 'SBS ESPN 방송 출연'을 START 기법으로 정리하면 다음과 같다.

: Ahn's START 경험 정리 예시

START	내용
Situation(Task)	• SBS ESPN Fan stage(팬이 편파중계하는 프로그램) 출연
Trouble(Problem)	• 방송경험 전무, 방송관계자 인맥도 없어서 자문 구할 곳도 없었음.
Action	• SKY sports(영국 방송 프로그램) 벤치마킹. 방송 10회 내용 분석 • 각 회차별로 2시간짜리 프로그램 2회 반복 시청하면서 스포츠 캐스터 멘트 연구. 분석 결과 골 장면은 편집이 안 된다는 것을 알게 됨. • 나의 방송 분량을 늘이기 위해서 골 장면 때 인상적인 응원을 하는 전략을 짬. 축구 해설자 신문선 목소리 연습, 멋진 인용구 및 이벤트 용품 준비. • 그 외에 대본을 직접 작성하여 상대팀 비난을 재미있게 준비함.
Result(Performance)	• 담당 PD 칭찬. 출연료 5만 원 외 3만 원의 인센티브를 받음.
Taken(Competency)	• 분석력, 치밀함, 성취욕, 문제해결능력, 추진력, 언어능력

위 예시에서 〈Result〉를 눈여겨보자. 결과를 수치로 바꾸어 보여주고 있다. 출연료 외 3만 원의 인센티브를 받은 것이 성과다.

첫째 날 "매력적인 스토리? 그것만으로는 부족하다."

〈Trouble〉과 〈Action〉을 적을 때 주의해야 할 사항이 있다. 경험 정리를 할 때에는 반드시 장애요소가 들어가야 한다. 문제를 만났을 때 본인이 어떻게 문제를 해결했는지가 경험 속에 필히 포함되어야 하기 때문이다. 기업에서는 문제해결능력을 가장 중시한다. 게다가 갈등이나 장애가 있을 때 스토리는 더욱 드라마틱해진다. 이러한 경험담을 읽는 인사담당자에게는 역경을 이겨낸 주인공이 당연히 매력적으로 보일 수밖에 없다.

단, 문제를 잘 정의해야 한다. 그래야 본인이 적절한 대책을 강구했는지 명확해진다. 이때 문제는 2~3가지 정도로 정의하고 그에 따른 대처 방안(행동)도 2~3가지로 구분하는 게 좋다.

START 기법으로 경험담을 정리할 때 주의사항을 정리하면 다음과 같다.

〈START 기법 주의사항〉

① Trouble은 반드시 쓴다.

갈등과 역경이 있어야 드라마틱해진다.

② Trouble을 작성할 때 문제는 최대한 나눈다.

문제를 나누게 되면, 분석적으로 보이는 효과가 있다. 또한 문제해결을 위한 행동 역시 구분되어 기술되기 때문에 보다 효과적으로 전달할 수 있다.

③ Action은 구체적으로 작성한다.

행동의 횟수, 소요된 시간, 만난 사람 등 최대한 구체적으로 작성해야 설득력이 있다.

④ Result는 수치화하여 성과로 나타낸다.

수치화해야 측정이 가능하고, 측정이 가능해야 비교가 가능하다. 이러한 과정에서 자연스럽게 객관화가 이루어진다.

⑤ 실패사례의 경우 Taken에서 배운 점을 쓴다.

실패사례는 실패한 사례를 통해서 어떤 점을 배우고 깨달았는지 쓴다. 가급적이면 실패사례와 유사한 사례도 작성하여, 실패 이후 유사한 상황에서 어떻게 성공적으로 문제를 해결했는지도 기술한다.

오른쪽 표를 통해 여러분도 START 기법을 활용하여 경험을 정리해보자. 책에는 워크시트지가 하나뿐이지만, 10개 정도는 경험 정리를 할 것을 강력히 권한다.

이렇게 경험을 정리하게 되면 본인이 지원할 직무나 업종에 관련된 경험이 있는지, 또는 지원할 직무에서 필요한 역량을 길렀는지 확인할 수 있다.

두통 없이 지난 시간을 추억할 수 있을까. 돌이켜보면 힘든 일도 많고 다시는 반복하고 싶지 않은 그런 기억, 있을 수 있다. 그런데 그게 다 내 모습이다. 그걸 정리하다 보면 내가 보인다. 그 속에는 크건 작건 성취를 이룬 내 모습도 반드시 들어 있다. 작성해보라. 당신은 당신이 생각하는 것보다 훨씬 더 큰 사람이다.

Ahn's START 기법 정리표

START	내용
Situation	
Trouble	
Act	
Result	
Taken	

첫째 날 "매력적인 스토리? 그것만으로는 부족하다."

아무리 성과가 중요하더라도 스토리가 없어서는 안 된다. 어쨌든 경험담을 넣어야 한다는 말이다. 그런데 수많은 경험담 중에서도 우선적으로 넣어야 할 것이 있다. 바로 조직 경험이다. 왜냐하면 인사담당자들이 〈조직 경험〉을 좋아하기 때문이다.

기업만큼 조직이 잘 발달된 곳도 없다. 기업은 개인보다 조직

취업 앞에서 머뭇거리는 당신에게

을 중시한다. 제아무리 뛰어난 신입사원이라도 조직의 룰을 깨뜨린다면 절대 선발하지 않는다.

이런 이유로 인사담당자들은 지원자가 과거 다른 조직에서 어떤 경험을 했는지 주의 깊게 살펴본다. 당연히 당신은 조직 구성원으로서 했던 경험담을 담는 게 좋다. 물론 이때 쓸 내용은 앞으로 어떻게 하겠다가 아니라 과거의 경험이다.

자기소개서 컨설팅을 했던 학생 중에 자기 성격의 장점을 인상적(?)으로 쓴 친구가 있었다.

제 성격의 장점은 포용력입니다. 제 여자 친구는 성격이 매우 까칠합니다. 지금까지 만난 남자들과의 연애 지속 기간이 3개월이 넘지 못할 정도로 성격이 변덕스럽고 까다롭습니다. 심한 날은 아침에 싸우고 점심때 화해하고, 저녁에 또 싸울 정도였습니다. 그런 여자 친구를 저는 2년째 포용력으로 보듬으며 만나고 있습니다. 이러한 저의 성격은 영업 업무를 수행하는 데 도움이 될 거라고 생각합니다.

이 사례는 지극히 개인적인 내용을 담고 있어서 조직 구성원으로서의 모습을 판단하기 어렵다. 조직이란 좋아하지 않는 사람들과도 머리를 맞대고 일해야 하는 곳이다. 연애와는 근본적으로 다르다. 성격의 장단점을 쓸 때 많은 학생들이 위와 같은 개인적인 경험담을 쓰는데 꼭 필요한 경우가 아니라면 주의해야 한다. 성격의 장단점은 가급적 조직 경험 사례를 써야 한다.

아마도 당신이 경험했던 조직 경험이란 대개 다음과 같을 것이다.

"인턴, 아르바이트, 팀 프로젝트, 실험 및 실습시 조별 활동, 팀 봉사활동, 팀 공모전, 학회활동, 스터디 그룹, 동아리 활동, 학교 및 기업 홍보대사 등"

이 경험 가운데 몇 가지를 골라서 쓰되, ① 공동의 목표를 위해 ② 본인을 희생하거나 ③ 시간을 들여 노력했던 점, ④ 구성원들과 갈등이 생겼을 때 ⑤ 해결하려고 애썼던 과정들을 세세히 구분하여 기술해야 한다 1~5번까지 번호를 매긴 것은 그 내용들을 가급적 구분해서 넣는 게 좋기 때문이다..

종종 가족이 조직에 속하는지 묻는 친구들이 있다.

마피아는 자신들을 아예 '패밀리Family'라고 부르고, 영화 〈가문의 영광〉에서도 가족이 곧 조직으로 나온다. 하지만 현실은 다르다. 가족은 가족일 뿐 조직으로 보기는 어렵다. 왜냐하면 조직은 목적이 동일한 사람들이 모인 자발적인 집단이기 때문이다. 반면 가족은 자발적으로 모인 집단도 아니고, 구성원 개개인이 동일한 목적을 가진 것도 아니다. 또 가족에게는 조직과 다른, 가족만의 규율이 존재한다. 그래서 조직이 될 수 없다.

조직에게 통용되는 룰의 지배를 받은 적이 있다면 그게 바로 조직 경험이다. 나아가 로마에 가면 로마의 법을 따르라는 속담처럼 조직의 영향 속에 있으면서 조직 성과와 관련된 어떤 역할을 했는지 적는 것이 '조직 경험담'이다.

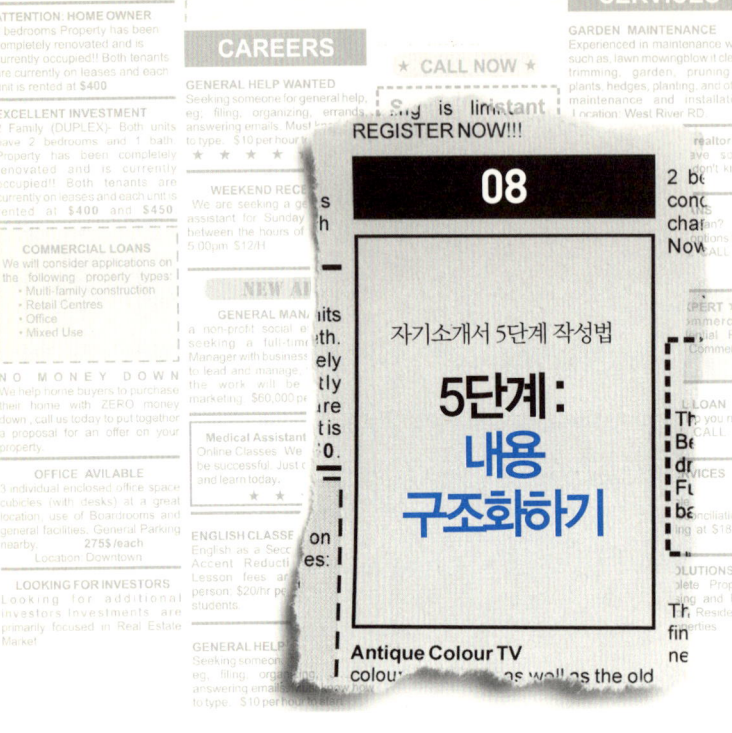

당신이 가슴 속에 다이아몬드 100캐럿을 품고 있더라도 가공 과정을 거치지 않으면 제 값을 받지 못한다. 자기소개서도 마찬가지다. 일목요연하게 제대로 정리되지 않은 자기소개서는 인사담당자의 마음을 사로잡을 수 없게 된다.

자기소개서를 멋지게 정리하기 위해서는 〈구조화〉를 잘 기억해야 한다. 구조화란 체계성과 명료성을 의미한다. 예컨대 한 편의 글을 서론-본론-결론으로 구분하거나 본론을 ①번, ②번, ③번과 같이 세부 항목으로 나누게 되면 내용은 체계를 갖게 되고 의미는 명료해진다. 구조화의 핵심은, 내용과 내용 사이가 잘 구분되어 있어 읽는 사람의 마음에 명쾌함을 안겨주는 것이다.

이때 세부 항목은 3가지가 넘어가지 않도록 하는 게 좋다. 사람들은 세 개까지는 잘 기억하지만 세 개가 넘어가면 그때부터는 뒤의 내용을 받아들이기 위해 앞의 내용을 기억에서 지우는 경향이 있다. 최대 5개까지가 한계다. 반면 1개는 나눈 게 아니므로 의미가 없고 2개는 적어 보인다. 지금까지 경험으로 보면 3개가 가장 적합하다. 기억하는가? 인생에 있어서 놀라운 세 가지, 머리/가슴/배, 아침/점심/저녁…… 세부 항목도 이렇게 3가지로 구분하여 작성하는 것이 글 쓰는 사람도, 읽는 사람도 모두 좋다.

다음은 〈구조화〉의 좋은 예이다.

저는 사회복지사 직무를 위해 3가지를 중점적으로 준비했습니다.

첫 번째, 전문성입니다. 교내 동계 인턴십에서 ○○○기관을 지원해 짧지만 값진 경험을 했습니다. 일단 이론으로 배웠던 복지지원 시스템들을 대상자에게 직접 적용해 볼 수 있었고, ○○○기관의 시스템에 대해서 알게 되었습니다.

두 번째, 클라이언트와의 소통입니다. 사회복지기관도 서비스업이라고 생각합니다. ○○커피 남양주점에서 아르바이트를 할 때, 고객들의 취향과 기호를 기억해 서비스함으로써 단골 고객을 약 10% 늘려 매출에 기여한 경험이 있습니다. 이 경험을 토대로 기관을 찾는 클라이언트들에게 그들의 니즈needs에 맞는 서비스와 응대를 해 클라이언트들이 보다 편하게 기관을 방문할 수 있는 분위기를 만들 수 있을 것이라 생각합니다.

세 번째, 동료와의 파트너십입니다. 고교부터 대학까지 7년간의 동아리 활동을 통해 배려하고 소통하는 법을 터득했습니다. ○○대학교 ○○동아리 총무를 3년간 수행하면서, 의견 차이로 인한 동아리 내 불화 발생시 적극적으로 중재자의 역할도 맡았습니다. 공연 준비시 크게 다툰 동료 10명을 일주일 동안 일일이 찾아가 마음을 돌림으로써 꼭 필요한 사람이라는 인정도 받게 되었습니다. 이러한 경험을 토대로 동료들과 원활하게 소통할 수 있을 것이라 생각합니다.

3가지로 잘라서 전달하니 읽을 때도 잘라서 읽게 되고, 그래서 무슨 이야기를 하고 싶은지 훨씬 쉽게 이해된다.

한편 이렇게 〈구조화〉를 통해 자기소개서를 작성하면 인사담당자는 두 가지 사실을 알게 된다. 하나는 당신이 전달하려는 그 내용이고, 다른 하나는 이 지원자가 업무에 필요한 기본적인 구조화 능력을 가지고 있다는 사실이다.

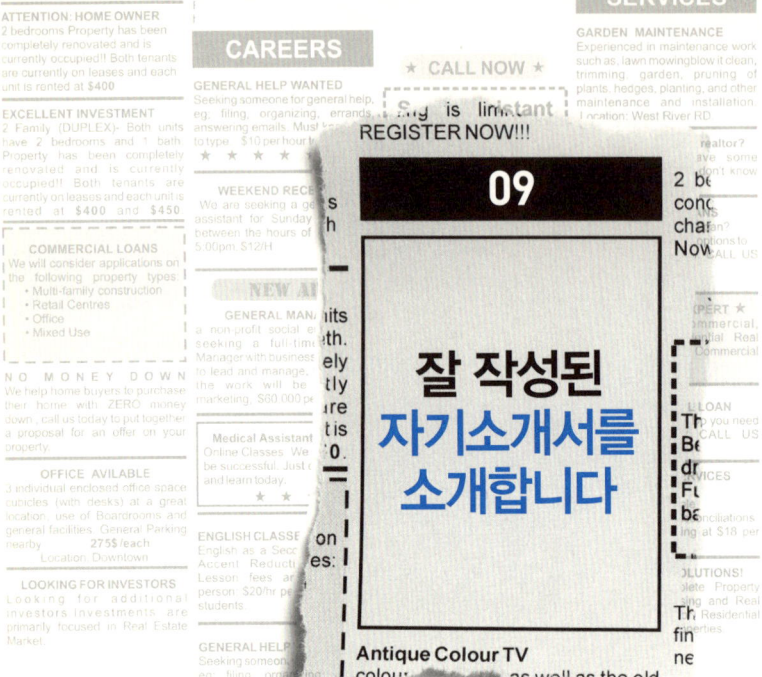

지금까지 자기소개서 작성 5단계에 대해서 알아보았다. 자기소개서에서 중요한 것은, 자잘한 스킬이 아니라 자기소개서를 평가하는 기업의 눈높이에 맞게 쓰는 것임을 확인했으리라 생각한다. 자, 이번에는 앞에서 얘기한 내용들이 잘 담겨 있는 자기소개서 하나를 소개한다. 다음 사례의 친구는 방송국 편성기획 업무에 지원하는 학생이다.

방송국 편성기획 업무에 지원하는 어느 학생의 자기소개서

성장과정

1. 발로 뛰는 커뮤니케이터

고교시절, 급식설문조사를 실시하고 영양사 평가발표제도를 마련하여 급식을 개선했습니다. 당시 학생회장이었던 저는 급식에 대한 학생들의 불만이 커지자 2주간 급식 설문조사를 벌여 문제 원인을 파악했습니다. 인력 부족으로 인한 서비스 불만족이 가장 큰 문제였습니다. 문제 해결을 위해 매달 급식평가 설문과 영양사 평가발표를 제도화하고, 급식 개선을 위하여 정기 회의를 개최하여 학교 측과 학생들 사이의 의견을 적극적으로 조율했습니다. 이 경험을 통해 문제 해결과정에서 커뮤니케이션이 얼마나 중요한지 깨닫게 되었습니다.

2. 6학기 조기졸업을 이뤄낸 열정

대학교 입학 후 방송 심화전공, 매학기 장학금 수혜, 6학기 조기졸업이라는 목표를 세웠습니다. CATV와 편성에 관한 교내/외 특강

첫째 날 "매력적인 스토리? 그것만으로는 부족하다."

들을 들으며 미디어 산업 전반에 대해 공부하였고, KBS 안시우 기자님의 멘토프로그램에 참여하여 미디어 비평 능력을 키웠습니다. 방송 감각을 키우기 위해 대학생의 고민과 이슈를 주제로 뮤직비디오, 드라마, 다큐, 패러디까지 다양한 방식으로 영상을 제작하여 UCC 공모전에 4차례 참여하여 수상했습니다. 아프리카 인터넷 시사방송을 하며 새로운 플랫폼의 방송을 시도했습니다. 6학기 동안 알차게 방송 이론과 실습을 공부하며 편성 PD의 꿈을 키우게 되었습니다.

 밑줄 좍!

1. 경험 아닌 성과 강조
고등학교 때 학생회장을 해서 리더십을 길렀다고 쓰지 않고, 학생회장을 하면서 급식을 개선한 사례를 성과 중심으로 기술한 점이 좋았다.

2. 〈성장과정〉 작성 포인트
〈성장과정〉의 경우, 〈성장과정〉이라는 단어에 갇혀 어린 시절에 대해서만 쓰는 사람들이 있는데 그럴 필요는 없다. 직무와 관련하여 본인이 전반적으로 어떤 준비를 해왔는지에 개괄적으로 쓰면 된다.

성격의 장단점

1. 뜨거운 도전정신과 피나는 노력으로 새로운 분야에 도전하다!

저는 도전을 두려워하지 않습니다. UCC 공모전을 위해 솔로녀와 품절녀 여대생의 행동변화를 비교한 '여대생 탐구생활'을 제작했습니다. 영상의 핵심이 독특한 내레이션narration이었기 때문에 팀원들은 성우 섭외를 고려했으나 저는 100% 우리만의 작품을 만들고 싶어서 제가 성우를 자청했습니다. 대사를 통째로 외울 정도로 연습하여 성우 서혜정 씨와 비슷하다는 평가를 받았고, 녹음을 하면서 ○○타이어 CF광고를 찍으신 감독님으로부터 성우를 한번 해보면 어떻겠느냐는 제의를 받기도 했습니다. 이처럼 저는 도전정신과 피나는 노력을 통해 저의 새로운 가능성을 발견하고 자신감을 얻습니다.

2. 주체할 수 없는 열정

대학시절 다양한 경험을 하고 싶은 열정으로 학과공부뿐 아니라 공모전, 다양한 교외활동에 참여했습니다. 한정된 시간 안에 한꺼번에 많은 일을 하려다 보니 시간에 쫓겨 스트레스를 받을 때도 있

첫째 날 "매력적인 스토리? 그것만으로는 부족하다."

었습니다. 그래서 저는 현재 상황을 고려하여 일의 우선순위를 정하는 습관을 갖게 되었고, 또한 처음 계획을 세울 때부터 실현가능성을 염두에 두게 되었습니다.

 밑줄 좍!

1. 〈성격〉은 설명하는 것이 아니라 보여주는 것

성격을 쓰라고 하면 대부분 자신의 성격을 설명하는 데 그친다. 하지만 성격과 관련된 키워드들이 한정되어 있다는 점을 감안할 때 효과적인 방법은 못된다. '설명'만으로는 차별화에 성공하기가 쉽지 않다는 말이다. 대신 성격이 단적으로 드러난 사례를 쓰는 게 바람직하다. 물론 사례에는 성과가 반드시 포함되어야 한다.

2. 조직 경험을 통한 장점 표현

〈성격〉역시 조직 경험을 통해 자연스럽게 드러내는 게 좋다. 이 사례에서 아쉬운 점은 조직 경험이 효과적으로 기술되지 않은 점이다. 팀을 이루어 프로젝트를 진행했다는 얘기는 있지만 조직 경험을 썼다기보다는 개인이 거둔 성과 중심으로 작성되어 있어서 다소 아쉽다. 예컨대 함께 프로젝트를 진행했던 친구들이 '성우를 섭외하자'고 할 때 이 학생은 정반대의 의견을 제시하여 갈등을 겪는 부분이 문장 안에 감춰져 있는데 이때 어떻게 갈등을 해소하고 조직 내 구성원들을 설득하였는지, 동의를 어떻게 이끌어냈는지 그래서 조직의 결속을 어떻게 유지했는지 설명하면 더 좋았을 것이다. 편성기획이라는 직무는 방송국 내 다양한 이해관계자들과의 커뮤니케이션이 중요하다. 따라서 갈등 조정과 관련된 사례였다면 더욱 좋았을 것이다. 회사는 조직 경험을 좋아한다는 사실을 잊지 말자.

본인의 특기 및 학업 외 활동경력

예상 관객 수 2배를 동원한 4가지 테마영화제

2012년 ○○국제영화제를 경험한 후, 대학생들을 타깃으로 ○○영화제를 기획했습니다. 대학생 200명에게 '인생을 살아가면서 꼭 봐야 할 영화'에 대해 설문조사를 했고, 그 결과를 바탕으로 영화필름 선정과 상영시간표 편성, 상영관 배정 업무를 맡았습니다.

첫째, 영화필름 선정은 먼저 설문조사 데이터를 분석하여 대학생들의 잠재된 니즈needs와 기호preference를 파악하고, 영화제 참여자들의 의견을 종합적으로 수렴하여 '시작, 생동, 음악, 사색'의 4가지 테마를 정해 각 테마에 맞는 영화들을 편성하였습니다. 이 과정에서 데이터 분석력을 키웠고, 참여자 니즈needs를 파악하는 능력을

첫째 날 "매력적인 스토리? 그것만으로는 부족하다."

길렀습니다.

둘째, 상영을 위해 영화사와 상영권 비용 책정을 조율하고, 대관을 위해 학교 측과 협상했습니다. 다섯 차례의 현장조사를 통해 관객 유치가 쉬운 상영관과 상영시간대를 배정했습니다. 영화제에는 예상 인원의 2배가 넘는 250명 관객이 참석하여 기대 이상의 수익을 거두었습니다. 무엇보다 제가 예상한 타깃 분석와 편성이 '관객 동원'이라는 눈에 보이는 결과물로 나왔을 때, 그 희열은 이루 말할 수 없었습니다. 이 경험을 통해 편성이란 총체적인 것을 볼 줄 아는 '컨트롤 타워' 역할을 해야 한다는 사실을 깨달았습니다.

 밑줄 쫙!

1. 내용 구조화하기
상영 시간표 및 상영관 배정과 관련하여 크게 2가지 경험을 했다고 강조하였다. 내용을 쪼개서 메시지를 2가지로 나누었다. 구조화시에는 3가지 이내로 쪼개는 것이 효과적이다.

2. 직무 관련 경험을 중심으로 작성

지원 분야가 방송국 편성기획이다. 학생 입장에서 방송국 편성기획 업무를 경험해 보기란 쉽지 않은 일이다. 그래서 이와 유사한 상영 시간표 및 상영관 배정과 관련한 축제 진행에 대한 내용을 작성하였다.

지원동기 및 입사 후 포부

1. 누가 미디어시대를 이끌어 가는가!

이제 미디어 시대의 경쟁력은 누가 먼저 시장의 변화를 읽고 전략을 세우느냐에 달려 있습니다. ㅇㅇ방송은 콘텐츠와 채널브랜드 강화라는 목표를 세우고, 자체 편성비율을 높이며 자체경쟁력은 물론 시장지배력을 높이고 있습니다. ㅇㅇ방송의 이 같은 전략적 변화는 국제경쟁력으로 이어지는 시너지 효과를 볼 것이라고 확신합니다. 저는 ㅇㅇ방송의 핵심 성장 동력이 되어 미디어시대를 이끌어가고 싶습니다.

2. 아이언 우먼, ㅇㅇ방송의 채널 브랜드 파워를 높인다!

ㅇㅇ방송의 채널들이 수많은 케이블 채널 속에서 상위채널로 자리

첫째 날 "매력적인 스토리? 그것만으로는 부족하다."

잡기 위해서는 채널인지도를 높여야 합니다.

첫째, 저는 시청률 분석능력을 키우겠습니다. 시청률에 영향을 미치는 유행, 사회경제문화 이슈 등의 외부요인과 라이프스타일에 따른 시청행태 변화를 철저히 조사하여 시청자들이 원하는 시간에 원하는 프로그램을 배치할 수 있는 능력을 갖추겠습니다.

둘째, 프로그램 평가 능력을 키우겠습니다. 온 가족이 즐길 수 있는 케이블 채널 이미지 구축을 위해 재미와 유익, 건전함을 기준으로 편성 방향을 수립하겠습니다. 또한 시대의 흐름과 니즈needs를 끊임없이 파악하여 경쟁업체보다 '한발 앞선 기획'을 제시하겠습니다. 여중, 여고, 여대 출신인 저는 여심을 읽는 능력이 탁월합니다. 주부반에서 수영과 요가 등 취미활동을 하며 어머니들의 이슈와 문화를 이해했고, 이를 바탕으로 여대생 관련 UCC를 만들어 공모전에 수상하기도 했습니다. 제 경험과 감각을 살려 ○○방송이 기획한 C채널, D채널, 다양한 드라마에서 여성 시청자를 확보할 수 있는 아이디어를 제시하겠습니다.

셋째, 커뮤니케이션 능력을 발휘하겠습니다. 편성기획은 시청률 조사분석기관과 각 부서와의 협력이 필요합니다. 학생회장으로

취업 앞에서 머뭇거리는 당신에게

학교, 학생 측의 갈등을 해결한 경험과 영화제를 기획하며 상영권 구매와 대관을 하며 배운 조직 협상능력을 바탕으로 협력 부서들에 관한 업무 이해도를 높여 콘텐츠, 시청률, 인지도를 모두 높여 시너지 효과를 창출할 수 있도록 현명한 커뮤니케이터가 되겠습니다. 세계 일류 MPP, ○○방송의 채널 브랜드 파워를 반드시 높이겠습니다.

 밑줄 쫙!

1. 직무 관점에서 지원동기 작성
직무가 주인공인 만큼 직무를 염두에 두고 모든 항목을 작성해야 한다. 특히 지원동기의 경우 해당 직무에서의 이슈를 언급하고, 본인이 어떻게 기여할 것인지 강조해야 한다.

2. 조직 경험을 앞세운 내용 구조화
입사 후 포부를 3가지로 나눠서 구조화하였다. 특히 3가지 포부를 달성할 수 있는 근거로 조직 경험을 들어 설득력 있게 제시하였다.

〈총평〉

잘 쓴 자기소개서다. 본인이 편성 기획직에 적합한 인재라는 점을 직무 중심으로 잘 작성하였다. 특히 '직무와 기업(업종), 나'의 교집합을 주요 재료로 삼은 것도 좋았다. 또한 구조화를 통하여 내용을 깔끔하게 잘 전달하고 있으며 조직 경험 역시 성과 중심으로 나타냈다. 한편 컨설팅을 받았던 이 학생은 최종 합격하여 현재 케이블 방송국에서 근무 중이다.

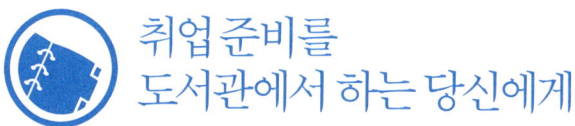

취업 준비를
도서관에서 하는 당신에게

'생각한 대로 살지 않으면 사는 대로 생각하게 된다'는 말이 있다. 폴 발레리라는 프랑스 시인의 말이다. 습관에 젖어 무의미하게 시간을 보내며 살아가는 인생을 질책하는 문장이다. 곱씹을수록 참 무섭다. 나도 그렇게 습관에 빠져 허우적거리고 살고 있지는 않은지 뒤돌아보게 된다. 그런데 취업 준비를 하는 학생들을 볼 때마다 종종 이 문장이 떠오른다.

대기업에 지원했다가 면접에서 떨어진 학생이 찾아왔다. 상담을 하던 중에 이상한 점을 발견했다. 면접에서 떨어지고 다시 도전하기 위해 도서관에서 토익 공부를 하고 있다는 것이다. 그 이야기를 분석해 보면, 토익 점수가 낮아서 면접에서 떨어졌다는 말이 된다. 그런데 토익 점수는 서류전형에서 평가하는 항목이지 면접에서 평가하는 항목이 아니다. 그 학생이 떨어진 건 분명히 서류전형이 아니라 면접이 아닌가? 이 무슨 생각 없는 짓인가?

하지만 그건 그 학생의 잘못이 아니다. 그렇게 생각하도록 만든 우리 사회의 잘못이다. 그 학생은 늘 하던 대로 해왔을 뿐이다. 우리가 어려서부터 귀에 딱지가 앉도록 듣는 말이 있다. '학생의 본분은 공부다.' 우리는 늘 점수로 평가받아 왔다. 반에서 몇 등을 하는지, 한자 급수는 몇 급인지, 영어 말하기는 몇 레벨인지, 그리고 토익은 몇 점인지⋯⋯. 반에서의 등수가 곧 자신의 가치이고 경쟁력이 되어버렸다. 점수에 따라 보충반이 정해지고, 점수에 따라 대학과 전공이 정해진다. 그런 환경에서 자신의 존재가치를 높이기 위해서는 점수를 높이는 것이 최선이고 미덕이다. 그렇게 20여년을 살아온 대학생들에게 입사 시험 탈락을 만회하는 길은 다시 점수를 높이는 일밖에 없었을 것이다.

하지만 입사 시험은 학교 시험과 다르다. 학교는 시험이라는 학교만의 평가 방법이 있고, 기업은 기업만의 평가 방법이 있다. 면접에서 떨어졌다면 본인의 이미지, 태도, 답변 등에 문제가 있었다는 얘기다. 그렇다면 당연히 자신의 답변에 무슨 문제가 있었는지 오답 노트를 만들어서 정리하고 분석하여 보완해야 한다. 뿐만 아니라 표정이나 복장, 앉았을 때의 자세, 시선 처리, 목소리 톤, 제스처 등도 역시 점검해야 한다. 그러나 엉뚱하게도 면접 대비 대신 영어 책을 펼친다.

이해 못할 바도 아니다. 그래야 불안감이 사라지기 때문이다. 사람은 불안할수록 습관적인 행동을 하기 마련이다.

이런 습관적 행동은 취업을 앞둔 졸업예정자뿐 아니라 재학생들에게서도 자주 발견된다. 한번은 출강했던 학교에서 한 학생이 상담 요청을 해왔다. 수업시간마다 양반다리를 하고 앞자리에 앉는 학생이었는데 필기도 열심히 하고, 앉은 모습이 특이해서 눈에 띄었다. 4점대의 학점, 영어영문학 전공, 800점대의 토익점수가 그의 스펙이었다. 그 학생은 다가오는 겨울방학 때 무엇을 해야 할지 모르겠다고 상담을 요청했다.

수업이 끝나면 무엇을 하는지 물었더니 도서관에서 토익 공부를 한다고 했다. 그 학생 역시 시험 공부하듯 도서관에서 취업준비를 하고 있었다. 도서관에서 흔히 볼 수 있는 토익, MOS 자격증, 한자 자격증 등의 문제집을 풀고 있는 학생 중의 한 명이었던 것이다.

그 학생의 시선을 다른 곳으로 돌릴 필요가 있었다. 그래서 목표와 경험의 중요성, 세상을 보는 관점에 대해서 한참 이야기를 나눈 뒤 헤어졌다. 물론 헤어질 때는 두 가지 약속을 했다. 먼저 도서관에서 빠져나올 것, 그리고 목표를 세워서 그와 관련된 경험을 할 것. 그리고 며칠 뒤 그에게서 메일이 왔다.

> 도서관에서 절 구출해주신 용사님께
> 구출이라고 해야 할지, 구원이라고 해야 할지……
> 도서관에서 탈출할 수 있게 도와주셔서 감사합니다.
> 사실 학교라는 차별, 간판을 제 가슴에 새긴 건 사회가 아니라 제 자신이었

을지도 모릅니다.

가슴이 조여 올수록, 도서관에서 책이라도 한 자 보고 있으면 안심이 되는 제 자신을 콕 집어주는 한마디, '도피'였는지도 모르겠습니다.

남들만큼 했다고 안심했는데 남들하고 똑같아진 것 같아서 불안하기만 합니다.

그래서 더욱 도서관에 숨어들었던 것 같아요.

올 에이쁠의 성적표와 높은 토익 점수가 취업을 보장해주지는 않는다는 것을 잘 압니다.

하지만 이 같은 취업난에 올 에이쁠의 성적표마저 없다면 버텨낼 수 없을 것 같다는 막연한 두려움이 있었습니다.

그 두려움 때문에 어느 사이 용기라는 단어를 잊은 듯하네요.

이력서를 쓰면서 참 많이 느꼈어요.

나를 사회에 보여주는 기회를 참 많이 놓쳤구나 하는 걸요.

과외 알바 외에 어쩜 해본 알바가 이렇게나 없을까요. ㅎㅎ;;

제가 고용주라도 한 번 일해 본 친구를 뽑을 텐데.

후회가 아닌 반성을 하자고 다짐했는데 너무 늦은 것 같아서 마음은 조급해지고 후회만 앞섭니다. (……)

교수님 수업은 전공 수업들 사이에 딱 하나 빛줄기 같은 휴식시간입니다.

좋은 얘기도 많이 듣고 으쌰으쌰 힘내자 하게 만드는. (……)

참, 늦지 않았다면 제 이력서와 자소서를 수업자료로 써주시면 안될까요?

교수님의 코치를 받고 싶었는데 부끄럽다는 이유로 회피했습니다.

그렇지만 이 마당에 부끄러운 게 어디 있냐 싶더라고요.

오히려 미숙한 이력서와 자소서를 회사에 내미는 게 더 부끄러운 일이지 않

을까 하고 용기를 내봅니다.

날씨가 굉장히 춥습니다!

감기 조심하시고 수업시간에 뵐 게요.

이 메일을 받았을 때는 자기소개서를 써서 보내주면 컨설팅을 해줄 테니 수업자료로 활용할 수 있도록 해달라고 학생들에게 말해둔 뒤였다. 그런데 이 친구가 자신의 입사서류를 자료로 써달라고 요청을 한 것이다. 도서관에서 숨어 지내던 그 학생이 세상 밖으로 자신을 드러내는 순간이었다. 학기가 끝날 무렵, 하고 싶은 일이 없다던 그 학생은 인사 직무를 목표로 정했다고 알려왔다. 목표가 정해졌다면 반은 된 것이나 다름없다고 나는 믿는다.

마음이 급하면 시야가 좁아진다. 시속 60km로 운전을 할 때와 시속 120km로 운전을 할 때의 시야는 확실히 다르다. 몸이 느끼는 속도가 올라가면 시야가 좁아지듯 마음의 속도가 빨라지면 미래를 바라보는 시야 역시 협소해진다. 마음이 급하면 불안하게 되고, 불안감이 높아지면 익숙한 것을

찾게 된다.

당신은 어떤가? 불안감을 해소하기 위해 오늘도 도서관으로 발걸음을 옮기고 있는가? 아니면 불안하지만 몸으로 부딪히며 세상에 나갈 준비를 하고 있는가? 오늘도 나는 시험 공부하듯이 취업 준비를 하는 친구들을 보면 안쓰럽다. 그리고 그들을 볼 때마다 아프게 떠올린다.

'생각한 대로 살지 못하면 사는 대로 생각하게 된다.'

"당신의 목소리로 말하라!"

: 면접 통과하기 :

자기소개서든 면접이든 회사가 확인하고 싶어 하는 것은 똑같이 '역량'이다. 그런데 '역량'을 확인하는 방법은 자기소개서가 다르고 면접이 다르다. 일단 내용이 다르다. 자기소개서에서는 '성과'를 통해서 역량을 확인하려고 한다. 반면 면접에서는 '행동 패턴'을 통해 역량을 확인하려고 한다. 또 표현 방식이 다르다. 자기소개서는 글이라는 형태로 확인하고, 면접은 말이라는 형태로 확인한다.

당신의 '행동 패턴'을 '말'을 통하여 분석하는 것, 그것이 곧 면접이다. 그런데 행동 패턴에 대한 답은, 자기소개서에서 설명한 '경험 정리'만 잘하면 충분하다. 남은 건 '말'. 어떻게 말할 것인가보다는 어떤 태도로 말할 것인가가 더 중요하다. 그 답이 남의 목소리가 아닌 '당신의 목소리로 말하기'이다.

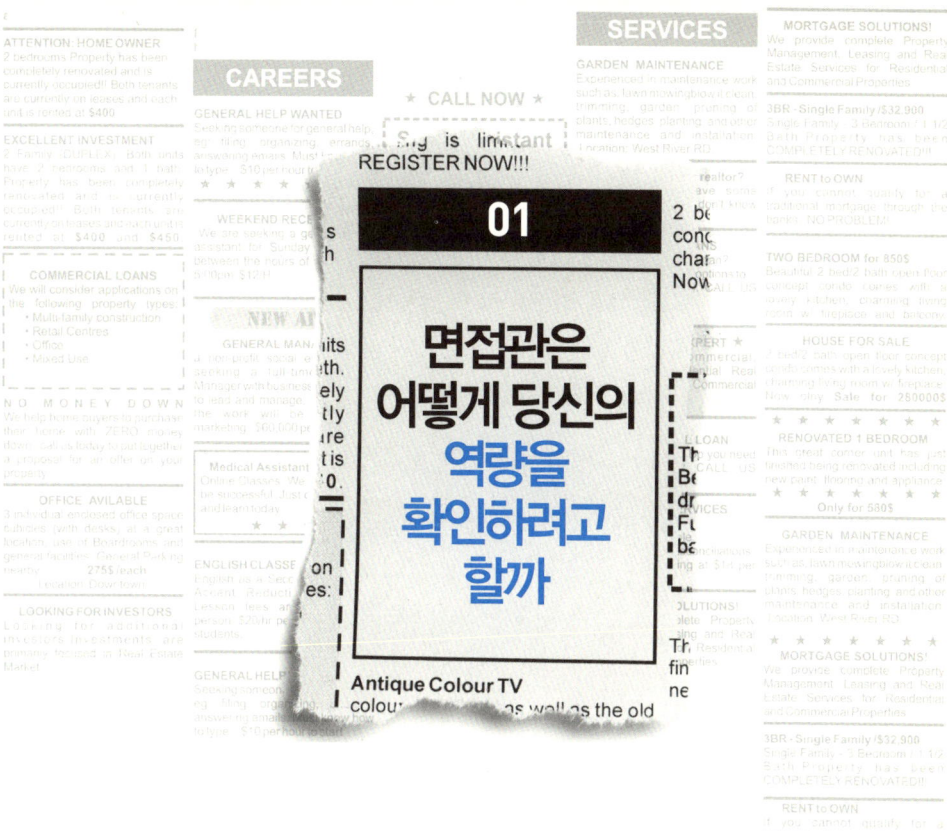

"우리 회사는 야근이나 주말 특근이 많은데 일할 수 있겠어요?"

"회사가 집에서 먼데 일할 수 있겠습니까?"

면접에서 이런 질문을 받는다면 당신은 어떤 대답을 하겠는가? 당연히 '할 수 있다'고 대답할 것이다. 이와 같이 Yes나 No로 답변을 유도하는 질문을 '폐쇄형 질문'이라고 하는데 이런 질문에는 유치원생들도 잘 대답한다. 그래서 최근 면접에서는 이런 식의 질문이 거의 사라졌다. 이유는 두 가지다.

① 순간적으로 포장이 가능하기 때문이다.
② 지원자 입장에서 '정답이 정해져 있다.'고 생각하고 사회 통념상 가장 바람직하다고 생각되는 답변을 할 가능성이 높기 때문이다.

그 결과, 면접관이 듣고 싶은 건 당신의 생각인데 당신은 자신의 것이 아닌 남의 것으로 답변을 한다. 자신의 생각이 아니라 면접관을 만족시킬 수 있는 답변을 한다는 말이다. 더더욱 재미있는 것은 지원자들은 마치 짠 듯이 서로 비슷한 답변을 하기 때문에 변별력이 떨어진다는 사실이다.

그래서 최근에는 지원자에게 직접 답을 구하는 방식이 아니라 지원자의 과거 경험을 행동으로 쪼개어 간접적으로 답을 구하는 방식으로 바뀌고 있다. 당신 말은 못 믿어도 당신이 예전에

했던 행동을 통해 속마음을 확인할 수 있다는 것이 면접관의 기본적인 관점이다.

이는 최근 면접 트렌드가 역량면접_{Competency based interview}이 대세로 자리 잡으면서 더욱 심화되었다. 역량면접이란 학점이나 어학시험 점수 등 이른바 '스펙'이 좋은 모범생들만으로는 불확실한 미래에 대비하기 힘들다는 판단 아래, 스펙을 배제한 상태에서 어떻게 좋은 인재를 구별해낼지 고민하면서 탄생한 방법이다.

이런 경향은 어느 대기업 인사담당자의 말을 통해서도 확인할 수 있다.

"선발의 목적은 좋은 학교를 나오고, 학교 성적이 우수하며, 면접이나 토론을 잘하는 사람을 가려내는 것이 아니라 업무수행에서 역량을 발휘할 수 있는 사람을 가려내기 위한 것입니다."

자, 우리는 자기소개서에서도 '역량'이 중요하다는 점을 누누이 강조했다. 자기소개서에서는 '역량'을 무엇으로 평가한다고 했는가? '성과'다. 수치화, 효율성, 시스템이라는 단어를 기억할 것이다. 그런데 면접은 다르다. 면접에서는 당신의 과거 행동을 통해서 '역량'을 확인한다.

면접관은 지원자의 말보다 행동을 읽는다. 사람의 행동은 다양해서 종잡을 수 없는 것처럼 보여도 일정한 패턴이 있다. 면접관은 지원자가 과거 특정 상황에서 어떻게 행동했는지 질문을 던진 뒤 답변을 들으면서 업무에 필요하거나 필요할 것으로 예상되는 행동들이 있는지 없는지 확인한다.

요컨대 면접관은 당신의 과거를 통해 미래를 예측한다. 즉 과거에 잘하던 사람이 미래에도 잘할 것이라는 생각이다. 여기에는 '사람은 쉽사리 바뀌지 않는다'는 전제가 깔려 있다. 한번 바람피운 사람은 계속해서 바람을 피우고, 게임이든 알코올이든 한번 중독된 사람은 쉽게 끊지 못한다. 수많은 자기계발서에는 '당신의 과거로 당신의 미래를 예단하지 마라'고 적혀 있지만,

적어도 면접에서만큼은 예외이다.

역량면접은 모든 것이 시나리오처럼 잘 설계되어 있다. 평가 대상의 역량, 상황별 질문, 평가기준 등이 명확하게 제시되어 있어 면접관의 주관을 최대한 배제한다. 조별 신뢰도 차이가 최소화되고 전산화도 용이하다. 미리 정해진 질문을 지원자에게 던지고 답변에 따라 시나리오별로 추가 질문을 던지는 방식이다.

핵심은 첫 질문 이후에 이어지는 추가 질문들이다. 면접관들은 지원자의 입사지원서를 바탕으로 과거의 경험을 이야기하도록 유도한다. 그 후 미리 정해진 항목을 다시 질문하여 경험의 강도나 난이도가 지원 직무와 얼마나 연관성이 높은지를 피악한다. 첫 번째 질문은 면접 전에 준비를 해서 포장할 수 있지만 두세 번의 추가 질문을 통해서 지원자의 생각과 개성이 드러날 수밖에 없도록 설계된 면접이다. 조금 쉽게 설명하면, 지원자들의 포장을 벗기는 게 이 면접 방식의 특징이다.

이때 면접관들이 사용하는 질문법이 STAR 기법이다. STAR는 Situation상황, Task과제, Action행동, Result결과의 약자다. 예를 들어 의사결정능력을 확인하고 싶은 경우, STAR 기법을 활용하여 다음과 같이 질문한다.

Situation	살아오면서 가장 결정을 내리기 힘들었던 때는 언제였습니까?
	구체적인 상황은 어떠했나요?
Task	어떤 어려움이 있었나요?
Action	어떤 기준으로 결정했나요?
	왜 그렇게 행동했나요?
Result	결과는 어떠했습니까?

이렇듯 단계별로 질문을 하기 때문에 면접관이 원하는 답이 무엇인지 짐작하기 어렵다.

이런 질문에 당황하지 않으려면 면접 전에 자신의 경험담을 반드시 정리하고, 경험별로 어떠한 역량이 발휘되었는지 확인한 후 면접에 임해야 한다. 면접관이 STAR 기법을 변형하여 질문을 하더라도 결국은 지원자의 주장에 대한 근거를 요구하는 내용이기 때문에 경험 정리를 해두는 것이 반드시 필요하다.

(※ 우리는 1장에서 성공경험담을 〈Ahn's START 기법〉으로 최소 10개 정리한 적이 있었다. 이렇게 정리한 것이 역량면접에서도 활용된다. 역량면접을 넘어서는 유일한 방법은 자신의 경험을 분석하여 강점과 장점을 증명할 수 있는 사례를 확보하는 것이다.)

한번은 면접 시에 자신감이 지나쳐 다소 공격적인 태도를 보이는 지원자가 있었다. 늘 자신이 옳았기 때문에 주변에서도 잘 따라주었다는 표현을 자주 썼다. 아마도 리더십을 강조하기 위한 전략이었던 것 같다. 그러나 사람들과 잘 어우러질 수 있을지 조직 융화 의심스러웠다. 그래서 질문을 던졌다.

"별명이 뭔가요? 친구들이 평소 때 뭐라고 불러요?"

그러자 그 지원자가 기다렸다는 듯이 씩씩한 목소리로 답변했다.

"카리스마입니다!!"

그 답변으로 나의 궁금증은 해결되었고, 그의 면접 평가표에는 조직 적합성이 낮은 점수로 표기되었다. 면접관은 질문의 의도를 드러내지 않고 지원자의 답변 속에서 일정한 패턴을 찾아낸다. 그 패턴은 물론 과거 행동 속에서 찾는다.

역량면접의 시작도 행동이고, 마지막도 행동이다. 면접 전에 필히 경험담을 정리해야 하는 이유다. 그런 점에서 마인드 컨트롤만으로 면접에 임하는 건 지나치게 긍정적이거나 어리석거나 둘 중 하나다.

면접에서
나오는 질문,
2W 1H를
못 벗어난다

면접관이 당신에게 던지는 질문은 크게 두 가지로 나뉜다. 하나는 입사지원서의 내용 중에서 궁금한 것을 물어보는 것이다. 지원서를 보다 보면 궁금할 만한 내용들이 있기 마련이다. 예컨대 비전공자의 경우, 직무를 어떻게 수행할 수 있는지 물어보고, 공백 기간이 있는 경우는 그 기간을 어떻게 보냈는지 확인한다. 지원자의 약점이 될 만한 부분을 중점적으로 점검한다.

다른 하나는 직무, 업종, 회사에 대한 내용이 주를 이룬다. 이러한 질문들은 다음의 2W 1H의 형태로 바뀌어서 나온다. 따라서 2W 1H에 대해서 명확히 답변할 수 있다면, 면접 질문이 아무리 변형되더라도 큰 어려움 없이 면접을 볼 수 있다. 면접에서 나오는 질문 2W 1H는 다음과 같다.

첫 번째 질문, Why?

Why라는 질문에는 크게 두 가지 질문이 포함되어 있다.

①번 질문 : 왜 우리 회사인가

②번 질문 : 왜 이 일(직무)을 하려고 하는가

이 업종에는 수많은 회사들이 있다. 1번은 '그 많은 회사들 중에서 왜 하필 우리 회사인가?'에 대한 질문이다. 이때 답변 포인트는 대체로 다음과 같은 세 가지 주제를 따르면 된다.

① (이 회사가) 기술력이 있기 때문에

② (이 회사가) 성장가능성이 있기 때문에

③ (이 회사가) 기업문화가 좋기 때문에

물론 금기시되는 내용도 있다.

① 복리후생이 좋기 때문에

② 연봉이 많기 때문에

기업 입장에서는 회사 덕을 보겠다는 사람은 뽑기 어렵다. 연봉과 복리후생은 내가 회사에 기여하는 것이 아니라 회사가 직원에게 보상하는 것이다. 해서는 안 될 답변이다.

다음으로는 '왜 이 일(직무)을 하려고 하는가'이다. 기업 내에는 다양한 직무가 있다. 그 중에서 왜 이 일을 지원하는지 명쾌하게 답변할 수 있어야 한다.

두 번째 질문, What?

면접관은 첫 번째 질문인 Why를 통해 지원자가 왜 우리 회사에 지원했으며, 어떤 이유로 그 직무에 지원했는지 확인한 상태다. 그런 뒤에 이 일을 하기 위해 무엇을 했는지 두 번째로 확인한다. 얼마나 진심어린 마음으로 준비했는지, 얼마나 착실히 준비했는지 묻는 것이다. 즉흥적으로 지원한 직무인지, 오랜 기간 생각해왔던 직무인지를 확인하는 과정이다.

따라서 당신은 이 일을 하기 위해 어떤 준비를 했는지 답변해야 한다. 전공, 자격증, 관련 아르바이트 경험, 인턴, 공모전, 교육과정 수료, 관련 커뮤니티 활동 등 다 좋다. 이 일을 위해 준비했던 일들을 어필한다. 이때 본인이 다른 일을 희생하면서까지 준비를 해왔다면 특별히 강조해야 한다. 당신 삶의 우선순위가 무엇인지 보여줄 수 있는 좋은 기회이기 때문이다. 일이 우선순위가 되는 사람은, 나중에 일이 힘들어도 참고 버틸 확률이 높다.

세 번째 질문, How?

Why의 초점이 현재라면, What의 초점은 과거, 마지막인 How의 초점은 미래다. How는 입사 이후에 대한 질문이다. How라는 질문에도 역시 두 가지 질문이 포함되어 있다.

①번 질문 : 어떻게 되고 싶은가

②번 질문 : 어떻게 일할 것인가

'어떻게 되고 싶은가'에 대한 질문은 입사 이후 본인이 어떤 위치까지 올라가고 싶은지를 묻는 것이다. 이때 CEO라고 답하면 곤란하다. CEO가 되고 싶다는 답변은 인사담당자나 면접관에 따라 호불호가 갈리기는 하나 대부분의 회사에서는 비현실적이리고 생각하는 경향이 그다. 때문에 이 답변은 피하는 것이 좋다. 이외에도 '어떻게 되고 싶은가'에 대한 질문에는 직무를 수행하면서 이루고 싶은 목표가 무엇인지도 포함되어 있다. 직무에 대한 비전을 답변하는 것이 좋다.

'어떻게 일할 것인가'라는 질문은 앞서 말한 〈직무에 대한 목표)를 어떻게 이룰 것인지 묻는 것이다. 이 질문에는 '계획Plan'으로 답변하는 것이 바람직하다. 예컨대 단계적으로 어떤 계획을 갖고 있는지 보여주면 된다.

면접은 Why, What, How가 전부다. 질문 자체도 어렵지 않다. 하지만 답변을 하는 것은 결코 단순치 않다. 짧고, 본질적인 질문일수록 답변이 어렵다. 이 세 가지 질문에 명확히 답할 수 있다면 어떤 질문을 받더라도 당황하지 않고 답변할 수 있다.

하체 비만을 가리려면 어떻게 해야 될까?

상체를 키우면 된다.

자 그럼, 최종 면접에서 자꾸 떨어지면 어떻게 해야 될까?

1차 면접만 있는 회사에 지원하면 된다.

개그 프로그램에서 나온 이야기다. 웃자고 한 얘기니 죽자고 따지지 마시길.

아래 지원자의 스펙을 보자.

"신장 167cm, 토익 910점, 토익 스피킹 레벨 7, 미국 디즈니랜드 인턴, 경영학/영문학 복수 전공"

서울 상위권 대학의 여학생 스펙이다. 스펙만 보면 전형적인 엄친딸이다. 인물도 호감형이다. 뭐 하나 나무랄 것 없다. 그래서 1차 면접은 언제나 무사통과다. 그런데 문제가 있다. 최종 면접만 가면 떨어진다.

이유가 있다. 너무 반듯해서다. 의외인가? 사실이다. 면접은 정형화된 프로그램에 의해 진행되지만 그렇다고 면접자 자신도 각진 나무토막처럼 규격에 맞추어서는 곤란하다. 면접관들이 보고 싶은 건 잘 다듬어진 나무토막이 아니기 때문이다.

1차 면접은 실무진 면접으로 치러진다. 여기서는 주로 직무적 합성을 본다. 지원자의 지식, 스킬, 태도 등이 지원 직무와 얼마나 잘 맞아떨어지는지 살핀다. 그런 뒤 주위 사람들과 잘 어울릴 수 있는지 본다. 그래서 1차 면접의 경우는 크게 실수하지 않는 지원자가 합격한다. 때문에 예의 바르고 좋은 태도를 가진 지원자는 떨어질 확률이 낮다.

즉 1차 면접에서는 잘 다듬어진 나무토막이 유리하다는 말이다.

2차 면접은 임원진 또는 사장단이 면접관으로 참석한다3차 면접이 있는 경우에는, 3차 면접에서 임원진이나 사장을 만난다. 2차 면접의 핵심은 인성이다. 인성이라고 달리 보는 것이 아니라 얼마나 믿을 만한 사람인가를 본다.

이때 중요한 것은 답변 내용이 아니라 답변하는 자세다. 근사한 대답을 하려고 하기보다는 솔직하게 답변하는 것이 포인트이다. 왜냐하면 면접관은 지원자가 뭔가를 숨기지는 않는지 살피기 때문이다. 따라서 자신을 포장해서 답변하는 지원자는 거의 탈락한다고 보면 된다.

즉 2차 면접에서는 살아 있는 나뭇가지가 유리하다는 말이다.

나는 최종 면접에서 탈락한 그 학생에게 '나사 한두 개쯤 풀어놓고 면접에 들어가라'고 주문했다. 면접관 앞에 앉아 있는 본인이 면접 기계가 아니라 사람이라는 것을 느낄 수 있도록 보다 감정에 솔직하게 답변하라고 조언했다.

그렇게 참가한 풀무원 최종 면접에서 그 학생은 '회사에 와보니까 어떠냐'는 면접관의 질문에 이렇게 대답했다.

"아임 리얼음료수이 비싸서 평소에는 잘 못 사먹었는데, 대기실에 쌓여 있어서 3개나 먹었더니 너무 좋습니다. 회사에 들어가게 된다면 정말 즐겁게 일할 것 같습니다."

면접관들이 빵 터졌단다. 연거푸 탈락의 고배를 마셨던 그가 합격했음은 물론이다.

당신이라면 어떻게 대답했을지 한번 생각해 보자. 대부분은 이런 식으로 답변을 준비한다.

"너무나도 입사하고 싶은 기업 풀무원 최종 면접에 오게 되어 정말 기쁩니다. 이러한 기쁨을 입사해서도 계속 느껴보고 싶습니다."

정말 딱딱하지 않은가? 아니, 손발이 오그라들지 않은가?

사람들을 만나다 보면 반듯하고 예의바른 사람이 있다. 그런데 때로는 그런 반듯함이 주는 불편함이 있다. 인간미가 느껴지지 않고, 무슨 생각을 하고 있는지 종잡을 수가 없는 경우가 많다. 물론 쉽게 속내를 털어놓기도 쉽지 않은 일이다. 하지만 뭔가 꿍꿍이가 있는 듯이 자기 생각을 드러내는 데 어려움을 겪는 사람이 있다면 당신은 그런 사람과 함께 일하고 싶은 마음이 들겠는가. 상상만 해도 숨이 막힐 것이다.

그렇다고 2차 면접을 준비하지 말라는 뜻은 아니다. 다만 철저하게 준비하고 철저하게 까먹어야 한다. 툭 치면 탁 나오도록 달달달 외울 것이 아니라 충분히 정리하고 난 뒤에 싹 비워야 한다. 그래야 당신의 목소리로, 당신의 언어로 자연스럽게 대답할 수 있게 된다. 케이팝 스타의 박진영이 참가자들에게 '어깨에 힘 빼고 노래하라'고 주문하는 이유를 생각해 보라.

면접에는 정답이 없다. 답이 없는 문제를 답이 있다 생각하고 대답을 하니, 〈나〉는 없고 껍데기만 남는다. 껍데기를 끌어안고 함께 일하자고 할 회사는 없다.

정리하면, 1차 면접은 실수가 적은 지원자가 합격할 확률이 높고, 최종 면접은 솔직한 답변을 하는 지원자가 합격할 확률이 높다.

1차 면접에서는 나의 화장술직무 적합성을 보여주고, 2차 면접에서는 화장을 지운 나의 맨 얼굴인성을 보여주어야 한다.

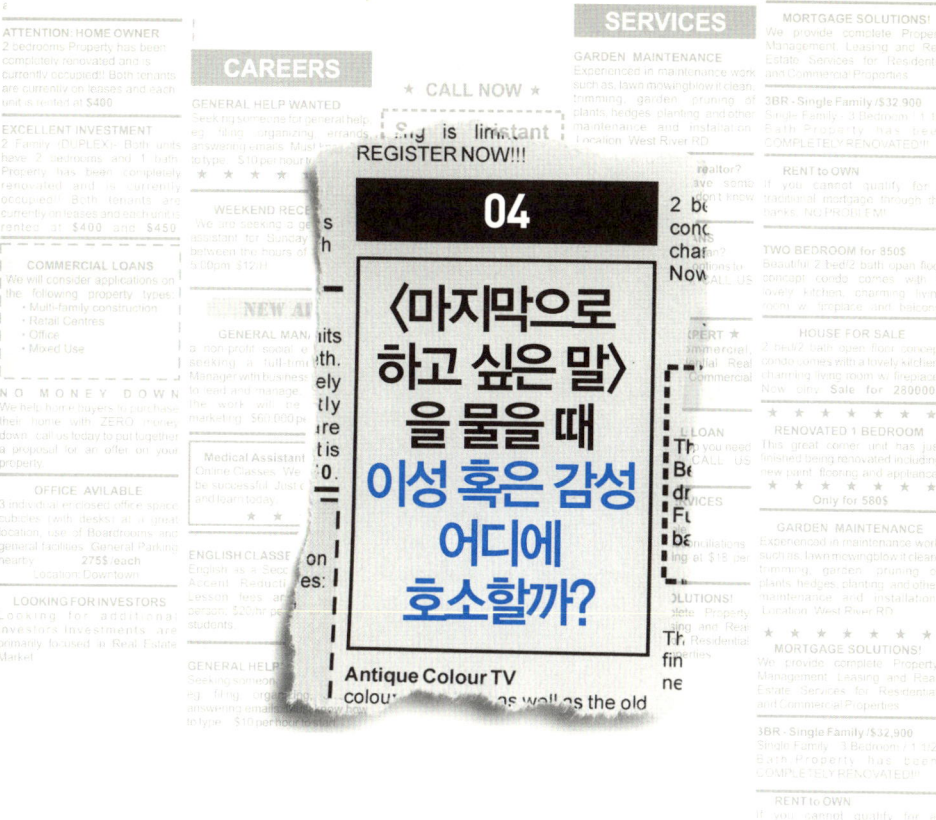

04

〈마지막으로
하고 싶은 말〉
을 물을 때
이성 혹은 감성
어디에
호소할까?

Antique Colour TV

'내 목표를 잘 조준하고 있는지 돌아보는 여유를'

'당신이 저를 소중히 다루시면 오늘 본 것은 비밀로 해드리겠습니다'

'큰일을 먼저 하라. 작은 일은 저절로 해결될 것이다'

'아름다운 사람은 머문 자리도 아름답습니다'

눈치 챘겠지만 화장실에서 쉽게 볼 수 있는 문구들이다. 사람

119

은 떠난 자리에 여운을 남기는 것이 중요하다. 면접의 마무리인 '마지막으로 하고 싶은 말' 역시 그렇다. 면접에서 반드시 물어보는 질문 중 하나가 '마지막으로 하고 싶은 말'이다. 이 질문은 왜 던지는 것일까? 입사 의지가 얼마나 간절한지 확인하는 절차다. '한 번 더 기회를 줄 테니 자신을 어필해보라'는 말이다. 하지만 '열심히 하겠다. 최선을 다하겠다'는 말은 너무 진부하다.

무슨 말을 해야 할지 감이 안 온다면 우선 무슨 말을 하면 안 되는지부터 알아보자.

〈마지막으로 하고 싶은 말을 할 때 해서는 안 되는 말〉
첫째, 근무 조건에 대한 상세한 질문
대기업의 경우는 근무 조건에 대한 기본적인 정보들이 상세히 나와 있지만, 중소기업의 경우는 드물다. 면접을 볼 때 연봉이나 야근 여부 등을 물어볼 수는 있다. 하지만 마지막으로 주어진 시간에 묻는 것은 적절한 타이밍이 아니다. 다음과 같은 질문은 피하는 것이 좋다.

① 연봉은 얼마인가요?

② 야근은 보통 몇 시까지 하시나요?

③ 저녁 식대는 제공이 되는 건가요?

④ 4대 보험 외에 복리후생제도는 어떤 것이 있습니까?

이러한 질문을 던지기에 가장 적절한 타이밍은 합격 통보를 받은 이후다. 그때는 근무 조건에 대해서 세세한 부분까지 모두 확인해야 한다. 합격 통보를 받은 뒤에는 칼자루가 회사에서 지원자에게 넘어오기 때문에 애매한 부분은 확실히 짚고 넘어가자.

둘째, 제대로 답변하지 못한 질문에 대한 추가적인 답변

'제가 앞선 질문에서는 긴장을 하는 바람에 말씀을 못 드렸지만……
제가 이번 면접에서는 다 보여드리지 못했지만……' 등의 어설픈 자기변명은 금물이다.

① 아까 질문하신 유가와 환율의 관계에 대해서 지금 설명해보겠습니다.

② 영어로 자기소개를 다시 한 번 해보겠습니다.

위와 같은 말들은 피해야 한다. 면접관이 마지막으로 하고 싶은 말을 물어볼 때는 대부분 보고 있던 서류를 덮고 질문을 할 때가 많다. 이미 지원자의 평가가 끝난 다음이다. 굳이 지난 실수를 언급함으로써 부정적인 이미지를 다시 한 번 각인시킬 필요는 없다. 자신이 입사를 위해 준비해 온 과정, 그 동안의 노력들을 어필하는 것이 가장 무난하다.

크게 위의 두 가지 사항에 대해서만 조심해서 언급하면 된다.

참고로, 회사에 대한 질문은 면접관이 궁금한 것이 없느냐고 물었을 때 하는 것이 좋다. 왜냐하면 회사의 사업 분야나 계획, 아이템에 대한 질문은 자체로 나쁘지는 않으나 면접관에 따라 모든 지원자들이 그런 질문을 한다며 싫어하는 경우도 있기 때문이다.

면접 시간에 따라 모든 지원자에게 마지막으로 얘기할 기회를 주기도 하고, 한두 명에게만 기회를 주기도 한다. 보통 오전 면접조에게는 지원자 모두에게 기회를 주고, 오후 면접조에는 소수에게만 기회를 준다. 대부분의 면접은 시간이 갈수록 지연되기 때문에 오후 시간이 상대적으로 부족해서 기회가 덜 가는 편이다. 모두에게 기회를 주면 문제가 안 되지만, 소수에게 기회를 줄 때에는 인상적인 멘트를 하지 않으면 안 하느니만 못하다.

그렇다면 마지막으로 하고 싶은 말은 면접관의 이성에 호소하는 것이 좋을까, 감성에 호소하는 것이 좋을까?

답은 〈감성〉이다. 왜냐하면 면접이 진행되는 동안 지원자들은 지속직으로 면집관의 이싱에 호소를 하게 된다. 이비 장시간 이성에 호소해 왔는데 마지막까지도 이성에 호소하게 되면 면접관이 매우 피곤해진다. 이때는 감성에 호소하는 것이 좋다.

감성에 호소하라고 해서 병든 노모가 집에 있다든지, 생계를 책임져야 한다든지 그런 말을 하라는 뜻이 아니다. 우리가 평소에 어떨 때 감동을 받는지 잘 생각해보고 말을 하면 된다. 사람들은 아주 사소한 것에 감동을 받는다. 추운 날 등교했을 때 친구가 건네는 따뜻한 캔 커피 하나에 감동받기도 하고, 힘들 때 말없이 건네는 편지에 울컥하기도 한다. 면접관에게 본인이 취업을 준비하면서 있었던 일상의 소소함들을 이야기하는 것이 좋다.

한 여성 지원자가 마지막으로 하고 싶은 말을 했던 것이 아직도 기억에 남는다. 집도 학교도 부산이었던 그 지원자는 서울까지 면접을 보러 와서 이런 〈마지막 멘트〉를 남겼다.

"면접관님! 저는 집이 부산입니다. 그래서 수도권에 있는 회사의 면접이 오전에 잡히는 날이면 늘 그 전날에 올라와서 모텔에서 잡니다. 20대 후반이 되어가는 다 큰 딸인데도 객지에서 혼자 자는 것이 안쓰럽다며 늘 어머니께서 같이 올라오십니다. 다리 때문에 거동이 불편하신데도 항상 힘들게 올라오시는 어머니를 이제는 집에서 편히 계시게 하고 싶습니다. 꼭 합격하고 싶습니다."

마지막으로 하고 싶은 말은 회사와 밀당을 하는 것이 아니라 입사에 대한 간절함을 보이는 것이다. 그리고 그 간절함은 이성이 아닌 감성에 호소해야 한다.

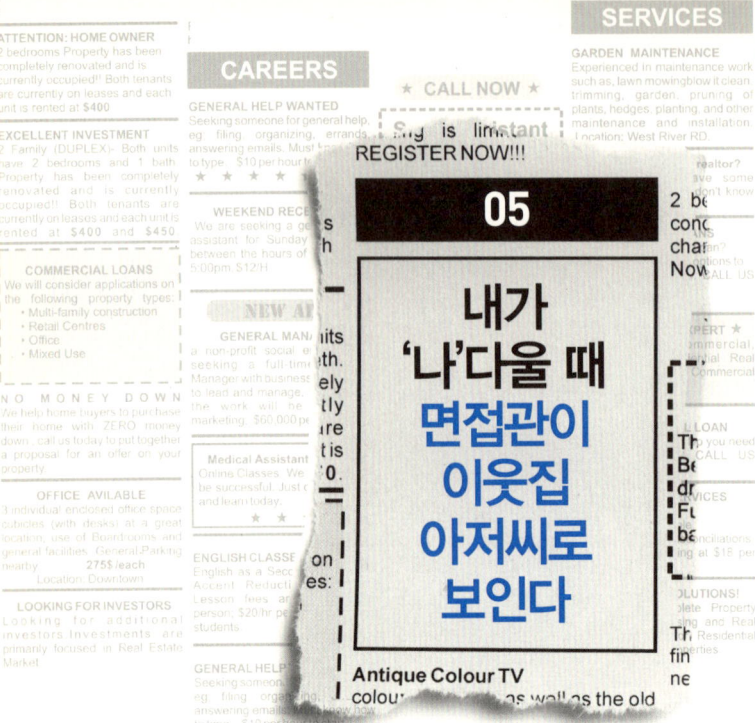

"면접관이 이웃집 아저씨라고 생각하고, 편안하게 면접에 임하면 돼."

면접을 준비해 본 사람이라면 한 번쯤 들어본 얘기일 것이다.

그러나 실제로 면접을 한 번이라도 경험해 본 사람이라면 면접관이 이웃집 아저씨로 보이지 않는다는 사실도, 그래서 그런 말이 아무런 도움이 되지 않는 사실도 알 것이다. 따지고 보면 사실, 우리는 이웃집 아저씨와도 그다지 편안하지 않다.

면접을 앞둔 구직자들이 착각하는 것 중 하나가 면접의 주인공은 면접관이라고 생각하는 것이다. 면접관은 조연일 뿐이다. 주연인 지원자가 어떤 사람인가에 따라 조연인 면접관의 연기도 달라진다. 조연한테 포커스를 맞춘 영화나 드라마치고 잘된 것을 못 봤다. 왜 면접관에게 포커스를 맞추는가?

그들은 의사결정을 할 뿐이고, 그들에게 무언가를 제안해야 하는 사람은 지원자다. 면접관에게 맞추려고 마음먹는 순간 면접은 끝났다고 봐야 한다. 면접관에게 맞추다 보면 '나'라는 한 인물의 개성이나 매력은 사라지고 대신 그 자리에 '흔한 지원자'만 남게 된다. 면접은 연애와 달라서 잘 보이려고 하기만 해서는 점수를 딸 수 없다.

'나쁜 남자'가 인기였던 시절이 있었다. 무조건 잘해주기만 하는 남자는 매력이 없다며, 많은 젊은 여성들이 까칠하고 무심

한 남자에게 관심을 보였었다. 면접에서 그런 캐릭터를 유지하라는 건 아니지만, 나쁜 남자만의 자신감이나 개성은 참고할 만하다.

연애도 인간관계고, 면접도 넓은 의미에서는 인간관계이다. 인간관계에서 상대를 배려하고 맞춰주는 것도 필요하지만, 그에 앞서 자기 자신을 잃지 않는 것이 먼저다. 상황이 어떻게 바뀌든 스스로 중심을 잡고 서 있어야 한다.

인간관계에서 상대에게 호감을 주기 위해서는 매력적이어야 하고, 매력은 자신을 감추지 않는 사람에게서 흔히 발견된다. 자신을 감추지 않기 위해서는 내가 나다워야 한다. 내가 나답지 못할 때 우리는 상대의 눈치를 보며 말을 꾸미려고 하게 된다. 마치 이솝우화에 나오는 까마귀처럼 남의 깃털로 자신의 몸을 장식하게 된다.

간혹 강의를 하다보면 다른 사람이 만든 교안으로 강의를 하게 될 때가 있다. 그럴 때마다 참 곤혹스럽다. '이 슬라이드는 왜 만들었을까? 이 이미지가 의미하는 바는 뭘까?' 그런 생각들로 머리가 복잡해진다. 생각이 많아지니 강의에 온전히 집중이 안 된다. 내가 의구심을 가진 내용을 전달하다보니 그런 강의는 늘 학생들의 눈치를 보게 된다.

취업 컨설팅을 시작한 지 얼마 되지 않았을 때 6주 프로그램에 투입된 적이 있었다. 회사에서 만든 강의 교안을 받아들고 학생들을 가르치는 강단에 서게 되었다. 3주 정도는 회사에서 제공한 교안으로 교육을 진행했는데, 역시나 강의하는 내내 불편했다. 내가 만든 것이 아니다 보니 텍스트도 이미지도 슬라이드 전개도 모두 답답했다. 4주차에 결단을 내렸다. 주제는 그대로 눈 채 슬라이드만 변경했다. 강의 교안을 직접 만들어 강단에 섰다. 6주간의 과정이 끝나고 학생들의 피드백을 받았을 때 4주차 이후부터 강의가 좋았다는 의견이 다수였다.

부활의 기타리스트 김태원 씨는 오디션 〈위대한 탄생〉에서 이렇게 말했다.

"긴장하면 지고, 설레면 이긴다."

면접도 마찬가지다. 면접관에게 맞춰주겠다는 생각을 하게 되면 긴장되고, 나를 보여주겠다고 생각하면 설렌다.

잊지 말자. 온전히 나 자신이 될 때, 내가 나다울 때 우리는 자신감을 얻는다. 그때서야 비로소 애니 원Any one이 아닌 온리 원 Only one이 되는 것이다.

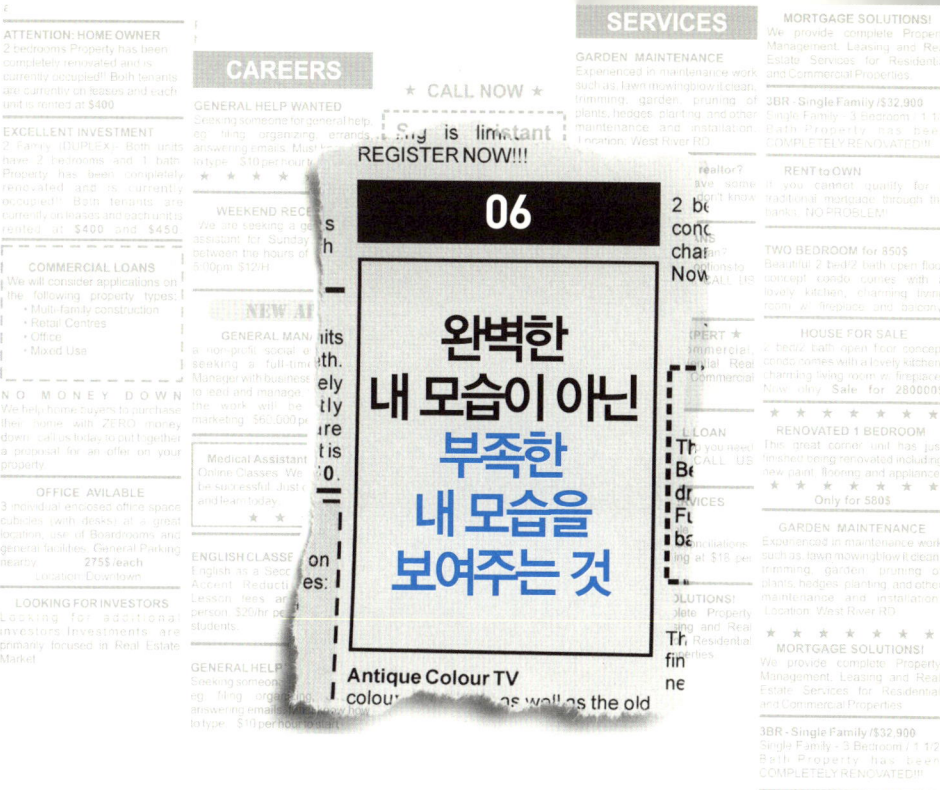

완벽에의 집착. 그러한 집착이 기업을 일류로, 사람을 명품으로 만든다. 하지만 면접에서는 완벽에의 집착이 탈락의 지름길이 되기도 한다.

킵스 증후군KIPS이라고 있다. '한국 사람들은 완벽을 추구한다 Korean is Perfect Syndrome.'는 말의 줄임말이다. 외국인들은 한국 사회를 킵스 증후군에 걸려 있다고 지적한다. 한국인은 스스로 완벽하다고 여기는 경향이 있어 어떠한 비난도 수용하지 못하는 현상을 꼬집는 말이다.

멀리서 찾을 것도 없다. 어머니들이 TV를 보며 꾸벅꾸벅 졸아도 절대 자신은 졸지 않았다고 둘러대는 것도, 줄곧 1등 하던 학생이 2등 한번 했다고 자살하는 것도 킵스 증후군이다. 뿌리 깊이 박힌 유교사상 때문에 한국 사람들은 실수를 허용하지 않는 삶을 추구하게 된다. 예의 바른 모습, 완벽한 모습을 보여야 하기 때문에 학교에서 익히게 되는 학습법도 실수를 방지하기 위한 것에 초점이 맞춰져 있다. 하지만 서양은 반대다. 실수를 통해 학습을 한다. 실수를 통해 배우고 성장한다. 자신을 드러내는 데 거리낌이 없다.

누구나 인생이 걸린 일에는 부담을 느낄 수밖에 없다. 하지만 평생토록 완벽함을 요구받으며 살아온 사람에게는 실수에 대한 부담감이 이루 말할 수 없이 크다. 그래서 부족한 자신을 드러내기보다 완벽한 말 뒤에 자신을 숨기려 든다.

"오늘은 제발 부탁이니 좋은 말이 아닌 당신의 이야기를 해보세요."
대학교 취업 수업시간에 아무리 타일러도 소용이 없다.
그렇게 하면 안 된다는 걸 알면서도 고치지 못하는 이유는 자신을 드러내는 게 두렵고 무섭고, 또 경험이 없기 때문이다.

한번은 현대자동차에 지원하는 학생이 최종 면접을 하루 앞두고 상담을 신청해왔다. 면접 예상 질문에 대한 답변과 마지막으로 하고 싶은 말 등을 점검받았는데, 점검과 동시에 그 학생은 멘붕에 빠지고 말았다. 답변을 새로 준비해야 했기 때문이다. 그 학생은 '마지막으로 하고 싶은 말'에 대해서 이런 답변을 준비해 왔다.

"면접관님, 저는 '야구'로 제가 하고 싶은 말씀을 드리고 싶습니다. 취업이 야구라면 현재 저는 인적성검사라는 1루를 돌아, 1차 면접인 2루를 지나, 2차 면접인 3루 베이스를 돌고 있다고 생각합니다. 어떤 때는 1루까지도 진루를 못하기도 하고, 또 어떤 때는 3루에서 아웃되기도 했습니다. 지금 저는 막 3루를 돌아 홈으로 들어가고 있는 중입니다. 홈에 멋지게 들어가서 득점을 할 수 있는 기회를 주시기 바랍니다. 감사합니다."

참 잘 만든 말이다. 비유를 드니 하고 싶은 말이 무엇인지 이해가 쏙쏙 된다. 물론 면접을 볼 때 말을 잘하면 유리하다. 그러나 말만 잘하는 사람을 뽑지는 않는다. 나는 그 학생에게 마지막으로 하고 싶은 말을 처음부터 완전히 새롭게 만들라고 주문했다. 왜냐하면 그 학생이 준비한 멘트에는 멋지고 좋은 말은 있어도, 자신만이 할 수 있는 이야기는 없었기 때문이다. 이 이야기를 하는 사람이 어떤 사람인지 알 수 있는 말이 과연 무엇일까? 다른 사람이 해도 똑같은 느낌을 주지 않을까? 면접은 '나'라는 사람을 어필하는 것인데, 그 말에 정작 중요한 '나'가 빠져 있으니 면접관들이 짜증을 내는 것도 어쩌면 당연하다.

삼성전자에 지원한 또 다른 학생은 인턴 후 정규직 전환이 되는 최종 면접을 앞두고 부득이 다리 수술을 하게 되었다. 때문에 최종 면접 때 한쪽 다리에 깁스를 하고 목발을 집고 입장을 해야 했다. 인사를 하고 각자 자리에 앉자마자 이내 자기소개를 했다. 그는 자기소개를 이렇게 시작했다.

"저는 자기소개를 하기 전에 다리 소개를 먼저 하겠습니다"

그 말에 면접관은 물론 동석한 지원자들도 웃었고 면접장 분위기는 화기애애해졌다. 물론 그 학생은 지금 합격해서 직장 생활을 잘하고 있다.

부족해도 된다. 실수해도 괜찮다. 그게 '나'다. 그리고 그걸 보여주는 것이 면접이다. 면접은 신神을 선발하는 자리가 아니다. 공연히 감추려고 하지 말고 자신을 떳떳이 드러내기를 바란다.

배려 配慮

도와주거나 보살펴 주려고 마음을 씀.

'배려'의 사전적 의미다. 가족 간에, 친구 사이에, 사람 사이에 우리는 배려해야 한다고 배워왔다. 내 입장이 아니라 늘 상대 방의 입장에서 생각하고 도와주는 것이 배려다. 그런데 과연

취업 앞에서 머뭇거리는 당신에게

늘 잘해주는 것만이 배려일까. 도박에 빠진 친구가 계속해서 돈을 빌려달라고 하면 돈을 빌려주는 게 배려인가, 빌려주지 않는 게 배려인가? 때로는 모른 척하고, 무시하는 것도 배려일 수 있다.

우리는 이렇게 단어의 뜻에 갇혀 정작 상황에 대한 맥락은 놓치는 경우가 많다. 면접관에게 대드는 것도 그렇다. 언성을 높이고, 목에 핏대를 세우는 것만이 대드는 것이 아니다. 면접관의 질문이나 의심에 무조건적으로 자신이 옳다고 주장하는 것도 대드는 것과 다르지 않다.

면접 때 지원자에게 동아리 활동이나 프로젝트를 진행하면서 팀원과 갈등이 있었는지 질문을 한 적이 있었다. 그 때 그 지원자는 '한 번도 갈등이라고 할 만한 것이 없었다.'고 대답했다. 재차 질문했다. 정말 단 한 번도 갈등이 없었는지. 역시 돌아오는 대답은 같았다. 살다보면 스스로도 자기 마음에 안 들 때가 부지기수인데, 타인과 갈등이 없었다?

조직 활동을 하면서 단 한 번도 타인과의 갈등이 없었다면 그 건 100% 거짓말이거나 활동을 열심히 안 했다는 말이 된다. 동 아리 활동을 열심히 했는지 다시 확인했더니 누구보다도 열심 히 했다고 답을 했다. 그래서 거짓말을 하는 게 아니냐고 돌직 구를 던졌더니, 아니라고, 정말 단 한 번도 갈등이 없었다고 완 강하게 고개를 저었다.

흔히 갈등은 자기가 옳다고 생각할 때, 자기주장을 강하게 내 세울 때 생긴다. 갈등이 없었다고 강하게 주장하는 모습을 보 며 나는 그가 마치 '내 말은 거짓말이에요.' 하고 자백하는 것처 럼 느꼈다. 그 이후부터 그 지원자가 하는 말은 신뢰가 가지 않 았다.

면접관이 항상 옳을 수는 없다. 면접관도 인간이고 실수할 수 있다. 하지만 대부분의 경우는 면접관의 판단이 맞다. 기업에 서는 면접관 자리에 아무나 앉히지 않는다. 기업을 대표해서 지원자들을 평가하는 자리이기 때문에 업무성과가 높고, 지원자들에게 '저 분처럼 되고 싶다'는 생각이 들 정도로 실력과 인품을 갖춘 사람을 앉힌다. 오랜 사회 경험으로 팀원을 이끄는 능력이나 사람을 보는 안목을 키워온 사람들이다. 거기다가 사전에 면접관 교육까지 철저히 받고 면접에 참석한다. 그들의 눈이 틀릴 확률은 매우 낮다.

따라서 면접관의 합리적인 의심이나 질문에는 면접관이 잘못 알고 있다는 식의 뉘앙스를 풍기는 답변은 피해야 한다. 정말 면접관이 잘못 생각하고 있다고 해도 면접관의 생각을 존중해야 한다. 이때 사용하는 것이 YB 법칙이다.

YB 법칙이란 〈Yes, But〉의 줄임말로 상대방의 주장을 존중하며 공감한다는 의사Yes를 표시한 후에, 그렇지만But 나의 생각은 조금 다르다고 말하는 방법이다.

조직 사회에서는 상사의 말이 맞든 틀리든 존중하는 것이 기본이다. 그리고 면접관은 입사하게 된다면 내가 모셔야 할 상사다. 따라서 면접관의 잘못된 질문에도 '그렇게 생각하실 수 있다' 또는 '그렇게 생각하시는 것이 당연하다'는 식의 답변이 먼저 나온 뒤 '하지만……'이 나와야 한다.

한 사람의 능력은 자신의 순수한 재능에 커뮤니케이션 능력을 곱한 것과 같다(능력 = 재능 × 커뮤니케이션). 커뮤니케이션을 하며 설득력을 갖는다는 말은, 말을 많이 하라는 뜻이 아니라 상대방의 말을 집중해서 들으며 공감대를 형성한다는 뜻이다. 그 공감대는 상대방의 말을 인정하는 데서 시작한다. 그 상대가 면접관이라면 더더욱 그렇다.

살다 보면 뜻하지 않은 순간에 불쑥 찾아오는 것들이 있다. 면접도 그렇다.

우리는 흔히 면접이란, 면접장에 들어서거나 혹은 면접장 대기실에 앉아서 준비해온 답변들을 다시 떠올려보는 그 짧은 시간의 떨림에서부터 시작된다고 말한다. 틀린 말은 아니지만 맞는 말도 아니다. 면접에는 변수가 너무 많기 때문에 면접이 언제부터 시작된다고 꼬집어 말하기 어렵다.

면접에 대한 당신의 편견을 깨줄 흥미로운 이야기가 있다. 이 이야기는 국내 굴지의 기업 인사담당자에게 직접 들은 실화를 바탕으로 재구성한 것이다.

〈어느 인사담당자가 겪은 일〉

9월 말, 오전 7시 서울 강남역. 직장이 있는 수원으로 가기 위해 광역버스에 올랐다. 여느 때처럼 버스 제일 뒷좌석 바로 앞에 자리를 잡고 앉았다. 광역버스를 타고 수원까지 가는 동안 꿀잠을 자는 것이 나의 유일한 낙. 그런데 오늘은 뒤에 앉은 두 청년이 떠든다. 처음에는 '조금 떠들다 말겠지' 하고 대수롭지 않게 생각했지만 수원역에 내릴 때까지 수다는 그치지 않았다. 다른 승객들도 눈치를 줬지만 꿋꿋하다. 이 청년들 강적이다.

오전 7시 40분, 수원역. 통근버스로 갈아타기 위해 수원역에서 내렸다. 두 청년도 함께 내렸다. 그런데 주머니에서 담배를 꺼내들더니 태연히 불을 붙인다. 버스 정류장에 버젓이 금연 표시가 붙어있는데도 말이다. 참 가지가지 한다. 한마디 하려고 하는데 통근 버스가 도착했다. 그냥 버스에 올랐다.

오늘은 면접이 있는 날. 회사에 도착하자마자 면접 준비 상황을 확인하느라 정신이 없다. 그런데 면접시간보다 1시간이나 먼저 온 기특한 지원자가 있단다. 확인하기 위해 대기실 문을 여는데 앉아 있는 지원자가 낯이 익다.
'어, 저 친구는?!'

그렇다. 버스에서 소란을 피우고, 정류장에서 흡연을 했던 그 두 청년 중 한 명이 면접을 보기 위해 대기 중이었나. 정말 영화와 같은 일이 벌어졌다. 그 지원자는 어떻게 됐을까? 당연히 떨어졌다. 정확히 말하면 그는 면접 결과와 상관없이 탈락했다.

버스 안에서, 그리고 정류장에서 이미 면접이 이루어진 것이다. 그 인사담당자가 내린 결론은 이렇다.

'공중도덕 및 타인에 대한 배려 없음. 팀워크나 조직적합성이 떨어짐.'

지원자 입장에서는 정말 재수 옴 붙은 순간이고, 인사담당자 입장에서는 싸가지를 걸러낸 다행스런 순간이다.

면접은 그래서 모른다. 결과가 나와 봐야 안다. 그날, 같은 버스에 인사담당자가 타고 있었으리라고 어찌 상상이나 했겠는가.

면접이 있는 날에는 집 밖을 나서는 순간부터 몸가짐을 조심해야 한다. 집에서부터 회사까지 이동하는 동안 누구와 마주칠지 모르기 때문이다. 회사에 가는 동안 마주치는 동네 어른들에게도 인사를 하고, 건널목 신호도 잘 지키고, 버스나 지하철을 탈 때에는 줄도 잘 서고, 노약자가 있을 때에는 자리 양보도 적극적으로 하라. 물론 면접이 없는 날에도 이렇게 하는 것이 지극히 정상이다. 다만 면접날은 특히 더 신경 쓰라는 말이다.

면접을 보기 위해 회사에 도착했다면 일단 화장실로 가라. 머리나 복장이 흐트러지지는 않았는지, 화장이 번지지는 않았는지 최종 점검을 한 후 면접 대기실로 이동하는 게 올바른 순서다.

대기실에서 절대 하지 말아야 하는 게 있다. 휴대폰을 만지작거리는 짓이다. 면접을 앞두고 긴장이 들 수 있다. 그래서 전화기를 꺼내 휴대폰 게임이나, 카카오 톡, 문자 등을 하는데 지나가다 우연히 이 광경을 보면 좋은 점수를 줄 리가 없다. 회사 정문을 통과하는 순간 휴대폰 전원은 아예 꺼두는 것이 상책이다.

지원자에 대한 평가는 면접장에서만 이루어지지 않는다. 왜냐하면 면접관이 면접장 안에만 틀어박혀 있는 게 아니기 때문이다. 지원자가 대기실에서 어떤 태도, 어떤 자세로 앉아 있는지도 평가에 반영된다. 이건 반칙인 것처럼 보이는가? 면접만 잘보면 그만이지 면접장 밖에서의 모습까지 관찰하는 것은 불공평해 보이는가? 그런데 당신도 면접관에게 자신의 모습을 있는 그대로 다 보여주는 건 아니지 않는가?

면접은 면접 당일 집을 나서면서부터 시작된다. 누가 어디서 당신을 평가하고 있을지 아무도 모른다. 집을 나서서 다시 집으로 돌아오는 순간까지 긴장의 끈을 놓아서는 안 된다. 그 정도 간절함과 긴장은 있어야 취업난을 뚫을 자격이 있다.

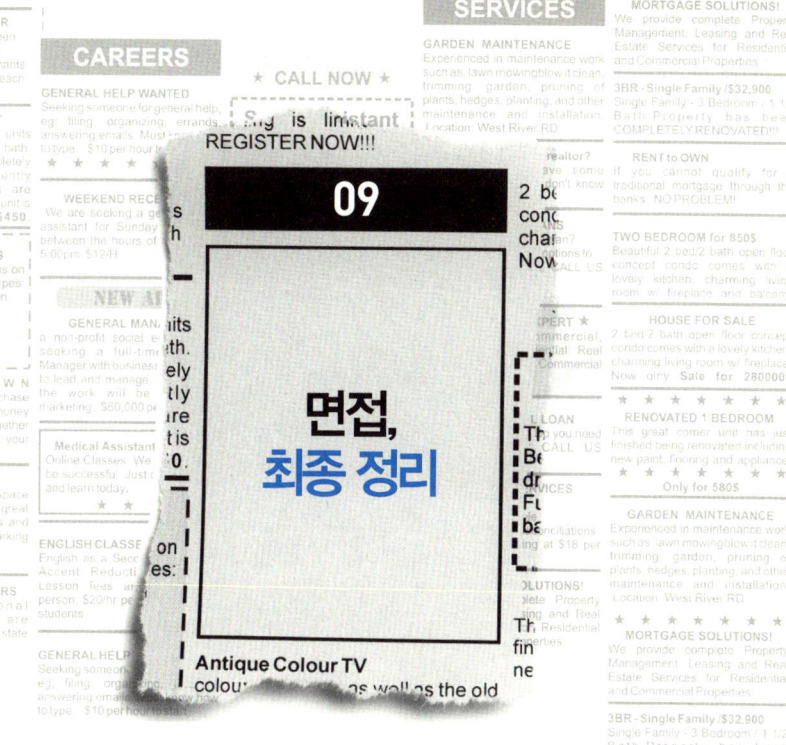

09

면접,
최종 정리

많은 지원자들이 면접에서 하는 이야기가 있다. '합격하고 싶습니다.' 누구나 쉽게 뱉을 수 있는 말이지만 아무나 쉽게 되지는 못한다.

정말 간절히 원하는 일이었다면 아마도 당신은 죽을힘을 다해 노력했을 것이다. 그 피땀을 확인하는 작업, 즉 당신이 한 말에 대한 근거를 찾는 작업, 그것이 면접이다.

리마인드remind 시간이다. 지금까지 배운 것을 다시 한 번 정리해 보자.

① 역량면접이 트렌드인 만큼 면접 전에 자신의 과거 행동에 대한 정리를 하고, 자신에게 부족한 점이 있더라도 포장하려 하지 말고 있는 그대로 보여주도록 노력하자. 그것이 면접관의 마음을 움직인다.

② 면접 전에 직무와 관련해서 나는 왜 이 일을 하려고 하고Why, 이 일을 하기 위해 무엇을 준비했고What, 또 어떻게 되고 싶은지How 반드시 정리하자. 정리를 하고 나면 면접이 훨씬 쉬워진다.

③ 사실 직무 설정만 제대로 되어 있고, 그 일을 하기 위해 노력했다면 면접은 정말 아무것도 아니다. 면접이라는 것이 2W 1H에 대한 질문인데, 직무를 준비해서 노력한 사람이 직무와 관련해 답변하는 것은 일도 아니기 때문이다. 게다가 사람은 아는 것을 누군가 물어보면 신이 나서 이야기하게 되어 있다. 이렇게 되면 자연

스럽게 열정적인 인재로 비춰진다.

④ 사람은 자신감이 있는 사람을 신뢰하게 된다. 자신감은 '내가 나다울 때' 생기는 것임을 잊지 말자. 면접관이 딴지를 걸거나 의심의 눈초리로 질문을 할 수도 있다. 그래도 면접관은 항상 옳다. 그런 태도로 답변을 하자.

⑤ 나의 노력을 정리한 후 나만의 언어로 바꿔서 면접에 임한다면, 면접관이 옆집 아저씨로 보일 것이다.

⑥ 면접 당일은 어떤 상황이 벌어질지 아무도 모르니, 집을 나서는 순간부터 면접이 시작되었다는 마음가짐으로 하루 종일 긴장을 품지 말자.

⑦ 마지막으로 당부하건대 혹시라도 면접에서 떨어지면 면접에 대한 복기는 하더라도, 토익이나 자격증 공부를 다시 하는 우를 범하지는 말자. 면접에서 떨어졌다는 건 이미 서류통과는 된 것이

다. 떨어졌다면 면접에서 본인의 태도나 답변에 문제가 있다는 이야기다. 도서관이 아닌 컨설턴트를 찾아가 피드백을 받기 바란다. 대부분 컨설턴트는 학교 취업부서에 있다.

K-pop Star에서
배우는 면접 노하우

오디션 프로그램이 인기이다. 한번은 청와대에 강의차 방문했을 때 대기실 홍보영상에서 슈퍼스타 K2 우승자 허각 씨가 청와대에서 대통령과 만나는 장면이 방영되는 것을 본 적이 있었다. 오디션 우승자가 국정홍보영상에 나올 정도니 오디션 프로그램의 영향력이 실로 대단하다 할 만하다. 그런데 요즘 나는 K-Pop Star에 빠져 있다. 바로 심사위원 때문이다. 다른 프로그램들과는 달리 K-Pop Star는 케이 팝을 움직이는 3대 기획사의 대표가 심사를 본다(보아도 거의 대표급이 아닐까.). 이들은 일반 가수나 프로듀서가 아닌 회사 내에서 의사결정권을 쥐고 있는 사람들이다. 시선이 다를 수밖에 없다. 이들 세 명, 즉 양현석, 박진영, 보아의 심사평을 듣고 있노라면 기업 경영자나 인사담당자의 시선과 많이 닮아 있다는 느낌을 받을 때가 많다.

실제로 오디션과 면접은 매우 흡사하다. 어필하는 방식만 다르지 심사위원 앞에서 자신을 보여주는 것은 똑같으니까. K-Pop Star를 보면서 나는 면접을 보기 전에 알아두면 좋을 세 가지 특징을 엿보았다.

첫째, 뛰어난 사람이 아닌 적합한 사람을 선발한다.

심사위원 보아가 지원자 2명의 노래를 듣고 모두 칭찬을 했다. 그런데 둘 다 캐스팅을 포기한다. 이유는 이미 캐스팅된 사람들과 조합을 해도 팀이 나올 것 같지 않아서이다. 본인이 그려 놓은 그림에 어울리지 않았기 때문이다. 면접도 마찬가지다. 기업은 'Good People'이 아닌 'Right People'을 뽑는다. 우수한 사람이 아닌 적합한 사람을 뽑는다. 직무에 얼마나 적합하고 기술과 기능의 보유 정도, technical-fit, 회사에 얼마나 적합한지 문화적 적합성, cultural-fit를 본다. 면접에서 자신의 우수함이 아닌 적합함 Fit을 강조해야 한다.

둘째, 부족해도 발전 가능성이 높은 사람을 뽑는다.

노래는 잘하는데 탈락하는 경우가 있다. 이때 심사위원들이 종종 이런 말을 한다.

"오랜 습관이 몸에 배어서 가르쳐도 바꾸기 힘들 것 같다."

실력은 뛰어나지만 발전 가능성이 낮은 사람과 실력은 떨어지지만 발전 가능성이 높은 사람, 당신이라면 누구를 뽑겠는가? 신입사원의 경우 실력 차이가 크지 않아 입사 전의 실력 차이는 입사 후에 얼마든지 뒤바뀔 수 있다. 게다가 '발전 가능성'은 대부분 태도나 열정 등과 같은 측정할 수 없는 개인의 특질과 관련이 높다. 기업의 시스템으로 해결이 안 되는 부분이다. 따라서 지원자의 오픈 마인드가 중요하다. 학창시절 중 인턴이나 아르바이트 등 조직 경험이 있다면 조직에 융화되고 일을 빨리 익히기 위해 얼마만큼 열정을 쏟

았는지 사례를 들어 이야기할 수 있어야 한다.

셋째, 개성적인 사람을 뽑는다.

가수 성시경과 창법은 물론 외모까지 닮은 지원자가 나왔다. 노래는 잘했지만 이런 조언을 듣게 된다.

'노래를 하는 순간 그 분(성시경)이 떠올랐고, 가수를 할 수 있는 방법이 있긴 있는데, 그건 그 분이 돌아가시고 난 다음이 되겠지요?'

지원자 입장에서는 참 섬뜩한 조언이다. 면접에서는 어떻게 자신의 개성을 뽐낼 수 있을까? 이것 하나만 기억하면 된다. '면접은 Q&A가 아닌 대화'라는 것. 우리는 질의응답 아닌 사람들과의 대화 속에서 그만의 개성을 느낀다. 예의 바르기만 한 지원자가 최종면접에서 떨어지는 것도 대화가 아닌 기계적인 답만 해서 그런 것이다. 면접은 이성이 지배하는 것 같지만, 최종 판단은 감성의 영역이다. 면접에서는 대화만으로 충분히 자신의 개성을 어필할 수 있다. 다만 문제는 대부분 대화를 하지 않기 때문에 생긴다.

"취업은
속도가 아니라
방향이다"

: 취업의 완성, 입사 후 2년 버티기 :

취업을 마라톤이라고 한다면 자기소개서는 반환점이고, 면접은 결승선이 된다. 우리는 지금까지 반환점을 통과하고 결승선에 이르기 위한 방법들을 알아보았다. 그러나 머리말에서 밝혔듯이 마지막 허들이 남아 있다. 바로 '당신 자신'이다. 최종 면접까지 통과하고 나면 이제 당신을 떨어뜨릴 사람은 아무도 없다. 단 한 사람, 당신 빼고.

많은 신입사원들이 입사 후 2년 내에 심각한 갈등을 겪게 된다. '나는 이 일에 맞는 사람인가? 이 회사를 계속 다녀야 하는가?' 그러다 세 명 중 한 명이 스스로 포기하게 된다. 문제는 2년을 못 채우고 퇴직을 하게 되면 경력을 인정받지 못하므로 다시 〈신입 채용 공고〉에 응시해야 한다는 사실이다. 취업을 위해 준비했던 시간들, 2년 가까이 다녔던 시간들이 물거품이 된다. 자, 무작정 달리기만 할 줄 알았던 여러분에게 마지막으로 던지는 메시지는 이렇다. '취업은 속도가 아닌 방향이다.'

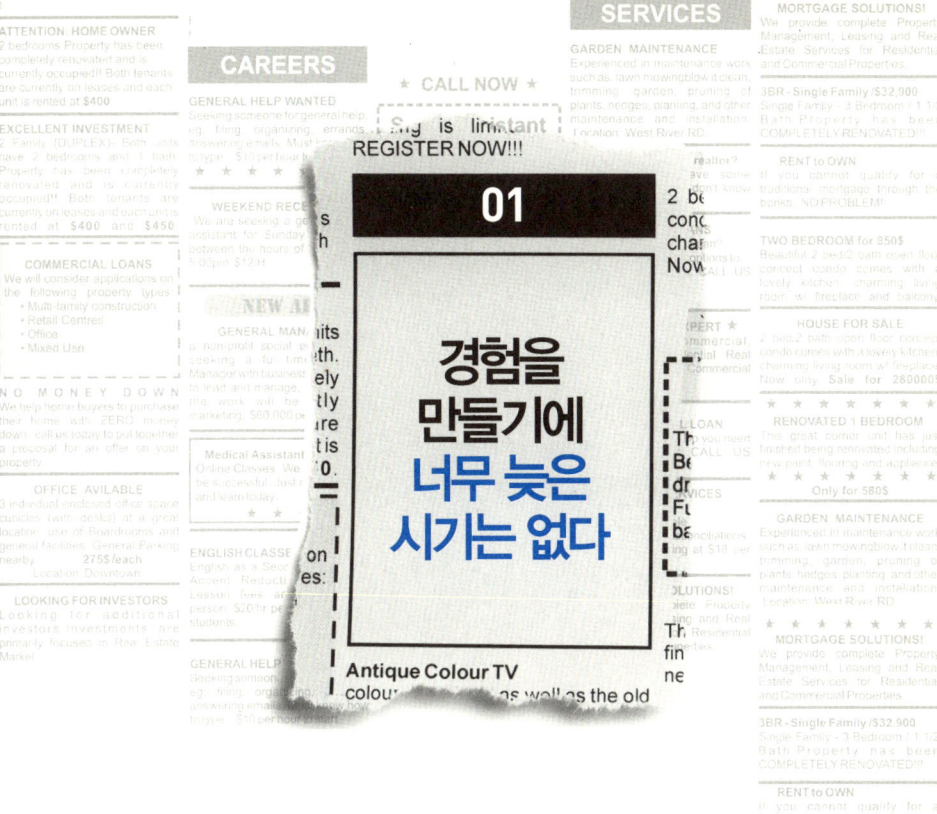

'늦었다고 생각할 때는 이미 늦은 거다.'

현실적인 명언 시리즈 중 하나다. 4학년 때 취업강의를 듣는 학생들이 공감하는 얘기이기도 하다. 드라마 〈학교 2013〉을 보면 부족한 내신 등급을 논술대회 참가라는 스펙으로 만회하려는 학생이 나온다. 그때 선생님이 하는 말이, 스펙으로 대학을 가려면 1학년 때부터 방향을 정하고 차근차근 준비해야지, 3학년을 코앞에 둔 지금은 너무 늦었다는 것이다. 그 말에 학생이 발끈한다.

"고등학교 1학년이 뭘 알아서 다 정해요? 선생님은 고 1 때부터 인생 뭐 할 건지 확실하게 아셨어요? 그런 사람이 몇이나 되는데요? 전 작년까지도 대학이 뭔지 감조차 없었는데 어떻게 미래를 고 1 때 딱 정해요?"

맞는 말이다. 갓 중딩을 벗어난 고등학교 1학년이 뭘 안다고 진학할 과에 맞춰서 스펙을 관리하겠는가? 게다가 고 1이라면 꿈이 열 번도 더 바뀌는 나이가 아닌가. 대학생도 다르지 않다. 아니 어른도 마찬가지다.

어른도 모른다.
자기가 뭘 해야 될지. 그래서 늘 흔들린다. 직업이 없으면 막막해서 흔들리고, 직업이 있으면 잃을까 불안해서 흔들린다. 오죽하면 〈천 번을 흔들려야 어른이 된다〉는 책까지 나왔을까.

경제신문에 실린 CEO 인터뷰 기사를 읽어봐도 처음부터 CEO의 꿈을 간직하며 차근차근 준비해왔다는 내용을 나는 본 적이 없다.

99.99%의 사람들은 살다 보니 그렇게 되었거나 뒤늦게 깨닫고 진로를 정하기 마련이다. 늦는 것은, 지극히 정상이다.

그런데도 여러분은 '너무 늦었다'고 입버릇처럼 말한다. 시간에 떠밀려 4학년이 되었지만 눈앞에 닥친 취업에 어쩔 줄 몰라 하며, 높은 기업 문턱에 좌절한다. 그러면서 지난 4년이 너무 후회된다고 머리카락을 쥐어뜯는다.

그런데 가만히 생각해 보면 여러분의 인생은 '늦었다'는 생각의 연속이었다. 지금만 늦었던 게 아니었다. 고등학교 3학년 때도 아마 당신은 늦었다고 생각했을 것이다. 어쩌면 중학교 3학년

때 늦었다고 생각했을지도 모른다. 요즘은 더 내려가서 초등학교 4학년이면 이미 늦었다는 말들도 한다. 심지어 어떤 사람은 유치원에서 인생이 갈렸다고 생각하고, 또 어떤 사람은 태어날 때 이미 끝났다고 여긴다. 도대체 우리 인생은 단 한 번도 빠른 적이 없었다!

우리가 '늦었다'고 느끼는 이유는 갈 데가 있기 때문이다. 갈 데가 없다면 늦을 이유가 없다. 방향이 설정되어 있는 사람만이, 목표가 정해져 있는 사람만이 '늦었다'라는 말을 쓸 수가 있다.

그런데 목표도 없이 갈 곳도 없이 늦을 수도 있는 것일까? 그때 느끼는 '늦었다'는 생각은 진짜 늦은 게 아니다. 그건 막연한 불안감이다. 남들은 다 가고 있는데 나만 뒤처지고 있다는 불안감이다. 방향을 잃었기 때문에 느끼는 두려움이다.

하지만 방향도 알고 있고, 목표도 뚜렷하다면 우리는 막연한 불안감에서 벗어나 진짜 계획을 세우게 된다. 왜냐하면 그 목표가, 그 방향이 나를 이끌어주기 때문이다.

나는 스펙도 경험도 부족한 대학 4학년생이 한국타이어 공채에 당당히 합격하는 모습을 가까이서 보았다. 내가 그 친구를 만난 건 4학년 1학기 중간고사가 막 끝난 시점이었다. 취업상담을 위해 처음 나를 찾았을 때의 모습은 막막함 그 자체였다.

수도권 소재 대학이지만 거리상으로는 지방에 가까운 인지도 낮은 대학, 경영학 전공, 1년을 준비해서 얻은 토익점수 755점, 그리고 하이마트 판매 및 막노동 아르바이트 경험.

이것이 그가 가진 스펙의 전부였다. 하고 싶은 일은 뚜렷하지 않았다. 다만 첫 만남 때 석극석인 모습과 서글서글한 성격이 영업 관련 직군에 적합할 거라는 생각은 들었다. 상담을 하면서 우리는 〈방향 설정〉에 주력했다. 제아무리 차두리 선수의 허벅지를 갖고 있으면 무얼 하는가? 어디로 달려갈지 방향이 정해져야 그때 허벅지 힘도 쓸모가 생기는 것이 아닌가?

그렇게 영업으로 직무를 정해둔 뒤, 관심 기업을 추렸다. 그는 자동차 관련 기업에 관심이 있었다. 그 중에는 한국타이어도 포함되어 있었다. 그때 마침 한국타이어가 취업박람회에 참가한다는 소식을 접하고, 서류와 복장을 갖춰서 다녀오라고 했다.

아침 일찍 취업박람회에 간 덕에 운 좋게도 인사담당자와 30분간 1대1로 얘기를 나눌 수 있었고, 명함을 반드시 받아오라는 미션도 잘 수행해서 이후에도 네트워킹을 할 수 있었다. 그렇다고 그가 네트워킹으로 입사를 했다는 건 아니다. 자동차 및 타이어 관련 업계와의 연결고리가 전혀 없었던 그는 그때부터 관련 경험을 쌓아나가기 시작했다.

먼저, 부족한 지식부터 채웠다. 타이어 관련 잡지 1년치를 분석하며 업계 동향, 타이어 종류, 관련 회사, 업계에서 쓰는 용어들을 파악했다. 그리고 직무를 영업관리로 정하고 한국타이어 대리점을 직접 방문했다. 물론 그냥 방문하지 않고 본사에서의 지원, 프로모션, 고객성향과 관련된 설문지를 작성한 후 방문했다. 이뿐 아니라, 경쟁사인 금호타이어 대리점까지 방문하여 동일한 설문을 한 후, 데이터를 비교하여 표를 만들었다.

여기에 그치지 않고 본인이 다니는 학교에 주차된 차들의 타이어 브랜드를 확인하기 위해 주차된 모든 차들을 전수 조사를 했다. 이렇게 조사한 데이터들을 가지고 면접에 임했다. 직접 발로 뛰며 수집한 자료를 면접관에게 제출했음은 물론이다.

회사에서는 어떻게 이런 지원자를 뽑지 않을 수 있겠는가? 스펙은 부차적인 문제다. 당연히 합격을 하였고, 입사 후 인사고과도 잘 받아서 현재는 본사 발령을 받아 근무 중이다.

이 학생 외에도 부족한 스펙을 경험으로 채워 성공한 다른 사례들도 많다. 무작정 찾아간 회사, 정문에서 막혀 못 들어갔지만 거기서 만난 경비원과의 대화를 자기소개서에 쓴 학생이 있는가 하면, 지원 분야 커뮤니티 가입 하루 만에 본인은 적극적인 커뮤니티 활동을 한다며 서류에 강조한 학생도 있다. 일부는 합격했고 일부는 떨어졌다. 하지만 떨어진 그들도 끝끝내 합격을 했다.

중요한 것은 합격 여부를 떠나 이러한 시도들이 쌓여 경험이 되고, 그 경험이 다시 입사지원을 할 때 〈방향〉을 만들어준다는 것이다.

어디로 갈 것인지 처음부터 뚜렷한 방향을 정해두고 시작하는 것이 늘 좋은 것은 아니다. 사실 그보다는 당신이 의식하지 못하는 사이에 당신을 이끌어온 방향을 찾는 게 중요하다. 삶의 중요한 순간마다 당신에게 어떤 판단을 내리도록 이끌어준 당신 내부의 또 다른 당신이 있다. 그 친구가 지금까지 당신을 잘 인도해왔다. 이제 그 친구가 어디로 가려고 하는지만 다시 한 번 확인하면 된다. 그게 〈방향〉이다.

〈방향〉 없이 뛰려고 하지 말자.
도서관에서 〈방향〉을 찾으려고 하지 말자.

당신 삶의 동서남북을 보려면 필드_{field}로 나와야 한다.

필드에 우뚝 서서 방향을 찾아라.

그 방향이 당신에게 2년 버틸 힘을 줄 것이다.

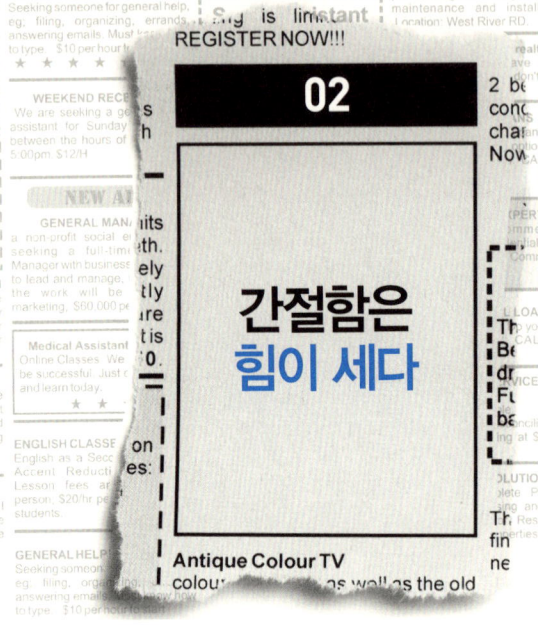
〈방향〉이 당신을 앞에서 이끌어주는 힘이라면 〈동기〉는 당신을 뒤에서 밀어주는 힘이다.

취업 캠프에 갔다가 진행을 돕는 아르바이트생과 식사를 하게 되었다. 이런 저런 이야기 끝에 어떤 일을 하고 싶은지 물었더니 PD가 되고 싶다고 했다. 마침 MBC가 파업 중일 때였다.

'MBC 파업'에 대해 어떻게 생각하느냐고 물었다. 그때 되돌아온 대답이 걸작이었다.

"MBC 아직도 파업이에요? 오래하네요. 월급 올려달라고 파업하는 거 아니에요?"

너무나 태연하게 대답하는 그 친구를 보며 할 말을 잊었다. 무슨 말을 해야 할지 몰라 적당한 말을 찾던 내게 그가 다시 말을 던졌다.

"근데 MBC 파업이랑 PD랑 무슨 상관이 있어요?"

이 친구 참 해맑다. 주름지지 않은 대답에 뇌까지도 주름이 없어진 건 아닌지 잠시 걱정스러울 정도였으니까. 당시 MBC는 언론 자유를 위해 장기간 파업 중이었고, 이는 민주주의 체제를 흔드는 중요한 문제로 언론인은 물론, 국민에게도 매우 심각한 문제였다. 예비 언론인으로서 당연히 관심을 가져야 하는 민감한 사안이었다.

셋째 날 "취업은 속도가 아니라 방향이다"

그 학생에게 PD가 되겠다고 생각한 건 언제였는지 물었더니 2년 전부터라고 했다. 그랬다. 그는 2년째 마음으로만 PD를 준비 중이었다. 그가 한마디 덧붙인다. 이제 토익공부를 좀 할까 생각 중이라는.

어디로 갈지 방향을 정했다는 학생들에게 그 방향에 대해서 조금만 깊게 질문을 하면 답변을 못한다. 구체적으로 알아보지 않아서 그렇다. 아는 것이 없으니 뭐가 부족한지 그래서 지금 본인이 뭘 해야 하는지 깨닫지 못한다.

대부분의 구직자들이 '열심히 하다보면 어떻게든 되겠지'라는 생각으로 막연히 목표를 세우고 구직활동을 한다. 방향이 없는 것보다는 낫겠지만 뭔가 구체적인 계획과 실행이 없으면 소용이 없다.

• • •

경기도의 한 대학 취업지원팀 담당 컨설턴트로 일할 때 한 학생이 상담을 청했었다.

"편입을 해야 할까요?"

그 학생이 내게 던진 첫 질문이었다. 나는 대답 대신 꿈이 있는지 물었다. 그는 목표가 있다고 했다. 그 목표에 날짜가 있느냐고 내가 되물었다. 못 박아둔 날짜는 없지만 대강의 시기는 있다고 했다. 다시, 주변 정리를 할 수 있느냐고 물었다. 그는 '주변 정리를 할 수 있다'가 아니라 '어떻게 하면 되냐'고 되물었다. 매우 적극적이었다.

나는 계획 세우는 법을 설명하고, 정말 열심히 하는 것이 어떤 의미인지, 어떤 희생을 치러야 하는지 일러줬다. 그리고 마지막 상담 때 그는 과제로 내 준 계획표 대신 자기 이름이 적힌 '사업계획서'를 가지고 왔다.

그 사업계획서에는 내 이름과 사인난도 있었다. 증인이 되어달라고 했다. 그는 자신에게도 나에게도 맹세를 한 것이다. 나는 기꺼이 사인을 해주었다. 꼭 목표로 하는 대학에 갈 거라는 축

복의 말과 함께 말이다.

그를 다시 본 것은 일주일 뒤였다. 터미널에서 〈경영의 교양을 읽는다〉라는 꽤 두꺼운 책을 읽으며 그는 버스를 기다리고 있었다. 계획대로 곧 본격적인 공부에 들어가면, 당분간 좋아하는 경영관련 서적은 못 볼 것 같다며 400페이지가 넘는 두꺼운 책을 만화책 보듯 재미있게 읽고 있었다. 그리고 그는 공부를 시작했고 나도 그 학교를 떠났다. 그게 우리의 두 번째 만남이었다.

그리고 1년 뒤 그에게서 메일이 왔다. 목표로 하는 대학에는 1차 합격밖에 못했지만 그래도 괜찮은 상위권 대학의 경영학과에 편입했다고 했다. 좋은 결과로 인사드리고 싶어 그간 연락도 못했다며 꼭 보고 싶다는 말을 덧붙였다.

1년 만에 만난 그는 다소 야위어 있었다. 지난 1년간 하루 4~5시간씩 자며 공부했더니 몸이 좀 축이 났다고 했다. 공부를 어떻게 했는지 물었다. 공부를 시작하고 처음 본 영어 성적이 350명 중 320등이었다고 했다. 그 수준으로는 지금 다니는 대학에 편입도 힘든 성적.

계획은 정말 잘 세웠으나, 시험 결과가 형편없이 나오자 과감히 계획을 수정했다고 했다. 공부 흐름이 끊길까 봐 담배도 끊고, 공부하는 동안에는 휴대폰 전원도 꺼두었다고 했다. 그래도 일요일은 꼭 쉬었다고 했다.

현명하게 고집스러웠던 그가 시험 치기 전에 받았던 마지막 성적은 1,150명 중에서 3등이었다고 한다. 그는 지난 1년간 많은 것을 얻었다고 했다. 공부하는 방법, 집중하는 방법, 자신을 이기는 방법 등. 그래도 그 중에 가장 크게 얻은 것은 '자신에 대한 믿음'일 것이다.

이 친구를 앞으로 나아가게 만든 힘은, 바로 간절함이다.
간절함은 힘이 세다. 사람들이 부자가 되지 못하는 이유는 그만큼 마음이 간절하지 않기 때문이라고 한다. 두뇌 한계 용량을 넘어설 정도로 공부를 할 만큼의 간절함. 그런 간절함이 그를 잠시도 쉬지 않고 움직이도록 만들었다.

편입 후 그 학생은 어떻게 되었을까? 자신이 꿈꾸던 바를 이루며 행복하게 오래오래 살았을까? 동화 같은 이야기는 과연 현실에서도 이뤄졌을까? 편입 이후 연락이 끊겼던 그 학생과 얼마 전에 카카오 톡으로 연락이 닿았다.

졸업을 했는지, 취업은 했는지 물었더니 그간 편입한 대학에서 공인회계사 시험을 준비했고, 결국 회계사 시험에서 합격하여 얼마 전 국내 유명 회계 법인에 입사했다고 했다. 동화는 동화로 그치지 않았다. 현실이 되어 내 눈 앞에 선명하게 펼쳐졌다.

처음 그 친구가 상담을 와서 내게 했던 이야기가 떠올랐다. 자신의 목표는 투자은행에서 기업 컨설팅을 하고 싶은데, 투자은행은 상위권 대학을 나와야 입사할 수 있다는 것이었다. 그래서 편입을 해야 하고 상위권 대학을 졸업한 후에는 공인 회계사 자격증을 따서 기업 컨설팅 경험을 쌓은 다음 투자은행으로 가고 싶다고.

그는 차근차근 한 방향을 향해서 나아가고 있다. 그리고 수년 뒤 그가 무난하게 투자은행에 입사할 것임을 나는 믿어 의심치 않는다.

그 친구의 이야기를 되새김질하면서 이런 생각을 했다.

목표란 미래에 내가 되고 싶은 나다.
그러므로 목표를 달성한다는 말은, 미래의 나와 현재의 나 사이의 간극을 채우는 일이다.
즉 〈미래의 나〉에서 〈현재의 나〉를 빼면 그게 내가 채워야 할 부족한 점이 된다.
취업은, 내가 부족한 점을 채워가는 과정에 다름 아니다. 단 간절한 자만이 부족을 만족으로 바꾸게 된다.

나는 전자공학을 전공했다. 하지만 수학을 못했다. 대학 내내 열심히 공부해도 전공 성적은 겨우 평균을 유지했고, 공부를 거의 안 한 교양과목은 오히려 성적이 좋았다. 열심히 해도 교양과목 성적이 안 나오는 과 동기들, 열심히 해도 전공 성적이 안 나오는 나. 우리는 서로를 신기해했다.

취업 앞에서 머뭇거리는 당신에게

나는 고등학교 시절 카피라이터가 되고 싶었다. 글 쓰는 것도 좋아했고, 짧은 문장으로 여운이 있는 메시지를 전달하는 게 멋져 보였다. 그래서 고1 때 문과를 가려고 했다. 부모님이 반대했다. "문과 나와서 나중에 뭐 먹고 살래?" 하지만 나는 고집을 꺾지 않았다. 며칠 뒤 대학에서 산업공학 교수로 재직 중인 큰외삼촌에게서 전화가 걸려 왔다. 그 전화 한 통으로 모든 것이 종료되었다. 고1짜리 아이와 대학교수, 그것도 이공계 교수와의 논쟁은 뻔한 것 아니겠는가. 아니 논쟁이라고 할 것도 없었다. 이건 뭐, 메시가 조기축구회 나와서 뛰는 것과 다름이 없었으니.

등 떠밀려 이과로 진로를 잡은 까닭에 나는 고교 내내 수학으로 골머리를 앓았고, 그 고충은 대학까지 이어졌다. 대학을 졸업하고 2년간 RF_{Radio Frequency} 엔지니어로 일하면서 나는 늘 불편했고, 또 불행했다.

내가 편하게 일하기 시작한 건 이력서 컨설팅 회사에서 일하게 되면서부터다. 그때 나는 비로소 많은 시간을 투자하지 않아도 일을 잘할 수 있다는 사실을 깨닫게 되었다. 적성에 맞는 일을 찾았기 때문이다. 돌고 돌아서 결국은 나에게 맞는 일을 하게 되었다.

많은 구직자들이 나와 비슷한 인생을 살아왔다. 우리는 부모님이 시키는 대로만 공부해왔다. 그 결과 내가 원하는 것이 무엇인지, 무엇을 잘하는지 정확히 모른다. 고민을 해도 답은 나오지 않고, 머리만 아프고 시간만 흘러간다. 그러다 보니 어느덧 익숙해진 공부, 하던 공부를 대안이 없어 다시 붙잡게 된다.

취업의 완성은 신입사원 후 2년 버티기라고 했다. 나는 2년은 버텼지만 버틴 보람은 없었다. 일단은 합격하는 것도 중요하지만 2년을 허비할 생각이 아니라면 잠깐만이라도 당신이 진짜 원하는 일이 무엇인지 생각해 보자.

2년 버티기에서 가장 중요한 것은 '당신도 모르는 당신 자신을 아는 일'이다. 한마디로 〈자기 이해〉가 필요하다.

〈자기 이해〉는 네 가지 측면에서 이루어진다. 사실 자기 이해라는 주제만으로도 책 수십 권이 나올 수 있으므로 여기서는 어떤 검사가 있는지, 어디서 할 수 있는지 간략히 언급하도록 하겠다. 왜냐하면 이건 설명이 필요하다기보다는 실제로 해보는 게 좋기 때문이다.

첫째, 성격

현재 성격검사 툴 가운데 가장 널리 쓰이는 게 MBTI_{Myers-Briggs Type Indicator}이다. 사람의 성격을 4가지 선호지표를 기준으로 16가지로 나누는 검사다. 검사 전, 전문교육을 이수한 상담자로부터 오리엔테이션을 받은 후 검사를 하게 된다. 검사는 교내 취업관련부서 또는 학생생활연구소나 상담소에서 가능하다.

둘째, 흥미

흥미검사로는 Holland 검사가 널리 쓰인다. Holland 검사는 어떤 직업에 흥미를 갖고 있는지 알아보는 검사다. 일과 사람을 연결시켜주는 고리를 '흥미'로 보는데 총 6가지 유형으로 나뉜다. 고용노동부 홈페이지www.work.go.kr에서 '직업선호도 검사'를 클릭하면 무료로 받아볼 수 있다.

셋째, 적성

어떤 직업에 적성을 갖고 있는지 알아보는 검사다. 적성분야와 적성수준을 파악하여 적합한 직업을 안내해준다. 적용 요인을 11개로 나누어 개인의 능력수준, 적성점수 유형, 적성점수에 적합한 최적합직업과 적합직업에 대해 안내해주며, 희망직업에 관한 정보를 제공한다. 역시 고용노동부 홈페이지에서 무료로 할 수 있다.

넷째, 가치관

당신이 직업을 선택할 때 어떤 가치를 중요하게 여기는지 알려주는 검사다. 직업가치를 13가지로 나누어 이를 바탕으로 직업가치관에 적합한 직업분야를 안내해준다. 역시 고용노동부 홈페이지에서 무료로 받을 수 있다.

위 네 가지 검사 모두 중요하다. 하지만 이 가운데 많은 이들이 지나치기 쉬운 것이 가치관 검사이다. 성격, 흥미, 적성은 진로를 선택할 때 많이 고려하지만, 가치관 검사는 잘 하지 않는 경향이 있다. 하지만 일을 하다보면 가치관 충돌로 일을 관두게 되는 경우가 많다는 사실을 기억하기 바란다.

실제로 〈스카우트〉라는 취업포털사이트에서 근무할 때 팀원 중에 대기업 계열사에서 제약영업을 하다가 전직을 한 컨설턴트가 있었다. 알다시피 전직을 하면 경력이 인정되지 않는다. 그 역시 연봉이 1,000만 원이나 깎이며 입사를 했다. 복리후생까지 감안하면 금전적인 손해는 그보다 더 컸을 텐데 그는 용감하게도 전직을 감행했다. 이유가 궁금해서 물었더니 제약 영업사원으로 일하는 것이 자신에게는 너무 힘든 일이었다고 했다. 의사에게 로비를 해야 실적을 유지할 수 있는 근무환경이 너무 힘들었다는 설명이었다.

사실 제약업의 경우 의사가 어떤 제약사의 약을 처방하느냐에 따라 매출이 좌지우지된다. 그러다보니 제약영업 사원들은 의사를 상대로 리베이트를 할 수밖에 없고, 그것이 관행으로 굳어져 최근까지 이어져 왔다. 물론 지금은 쌍벌제 도입 등으로 이러한 관행이 대다수 사라졌지만 당시만 해도 불법을 저질러야 생계를 꾸릴 수 있는 환경에 스트레스를 많이 받았던 것이다. 갈수록 자괴감이 커졌고, 자신이 망가져가는 느낌에 결국 그는 평소 관심을 두었던 직업 상담으로 일자리를 옮긴 것이다. 만약 그의 직업가치관이 '금전적 보상'형이었다면 그는 회사를 옮기지 않았을지 모른다.

우리 주위에는 자신이 어떤 가치를 더 소중히 여기는지 몰라서 경력을 리셋해야 하는 사람들이 의외로 많다. 자기 자신을 이해하고, 그에 맞는 직업을 선택하는 일은 아무리 강조해도 지나치지 않다. 직업을 선택할 때는 친구 사귀듯이 하라는 말이 있다. 볼 때마다 피하고 싶고, 떠올리면 짜증나고, 말하기도 싫은 사람과 친구를 하는 사람이 있을까.

자기 자신에 대한 정확한 이해야말로 입사 후 2년 버티기의 첫 걸음이다. 대부분의 자기 이해 검사는 교내 취업관련부서나 학생생활연구소에서 제공하므로 하루 정도 시간을 내서 방문하도록 하자.

"너 어디에 취업할 거야?"

흔히 취업 준비생들이 듣는 질문이다. 그런 질문을 받으면 갑자기 마음이 바빠진다. 대외용으로 포장된 답을 해야 하나, 아니면 솔직하게 속내를 털어놓아야 하나 망설이게 된다. 그런데 고민할 필요가 없다. 질문 자체가 잘못되었기 때문이다. 어디에 취업할 거냐는 질문은 어느 회사에 지원할 생각이냐는 말인데, 회사는 가장 마지막에 결정해야 하기 때문이다.

회사를 물어보는 건 정년이 보장됐을 때의 사고방식이다. 1980~90년대, 퇴직을 할 때까지 안정적으로 회사를 다닐 수 있었던 시절에는 어떤 일을 하느냐보다 어느 회사에 다니느냐가 더 중요했다. 일보다 회사가 자신의 사회적인 수명을 연장시켜줄 수 있는 안전핀 역할을 했기 때문이다. 하지만 1997년 외환위기를 거치며 정년 보장은 자취를 감추기 시작했다. '스스로를 고용하는 시대, 조직이 개인을 책임지지 않는 시대'가 된 것이다.

그런데도 여전히 '어느 회사에 갈 거야?' 하고 묻는 것은 세상이 변화하는 속도를 체감하지 못하고 있다는 신호일지 모른다. 그럼 가장 먼저 물어야 할 질문은 무엇일까?

바로 직무다. '너, 어떤 일 할 거야?' 이게 우리가 스스로에게 물어야 하는 질문이다.

실제로 취업을 하기 위해서도 '직무'를 먼저 고르는 게 중요하다. 왜냐하면 기업의 채용 시스템도 직무 중심으로 되어 있기 때문이다. 혹시 채용공고에 모집분야직무가 없는 것을 본 적이 있는가? 채용 공고를 보면 알 수 있듯이 경력은 물론이고 신입도 직무 중심으로 채용을 한다.

채용의 시작은 직무다.

과거에는 공채로 직원을 선발한 후 집체 교육을 시키고 각 계열사에 보내 OJTOn the Job Training, 직장 내 교육훈련를 하고 일을 시작했다. 이때는 직무가 중요치 않았다. 3~4년만 지나면 직무가 바뀌는 직무보직 순환제가 보편적인 인사제도였기 때문이다. 회사가 고용을 보장해주던 시기에는 직무 적합성보다 조직 충성도가 인사의 더 중요한 기준이었다. 아직도 회사가 고용을 보장해주는 조직은 여전히 직무 순환이 인사제도의 근간이다.

그러나 직무 중심의 채용에서는 직무 적합성이 기준이 된다그렇다고 조직 충성도가 중요하지 않다는 건 아니다. 직무 적합성으로 판이 바뀐 지금은 높은 토익점수와 컴퓨터 자격증만으로는 어필하는 데 한계가 있다. 전 분야에서 균일한 능력을 보여주는 'Generalist'가 필요했던 과거에는 개개인의 스펙만으로 충분했지만, 특정 분야_{직무}에서의 전문가, 즉 'Specialist'가 필요한 오늘날에는 스펙, 즉 높은 토익점수와 자격증만으로는 부족하다.

직무 적합성이 기준이 되었기 때문에 직무가 정해지면 당연히 직무 수행에 필요한 지식, 스킬, 경험을 익혀야 한다. 그러나 어떤 직무에 지원할지 결정하지 못한 구직자들은 직무 관련 지식/스킬/태도보다는 토익과 MOS 자격증을 따는 데 시간을 할애한다. 하지만 아쉽게도 토익 점수는 커트라인을 넘기면 그만일 뿐, 고득점이라고 가점이 있는 것도 아니며 MOS 자격증은 서류전형에서 미치는 영향이 전혀 없다. 우리는 토익점수나 자격증이 필요조건이고, 관련 경험을 충분조건으로 아는 경우가 많은데 실은 정반대인 경우도 많다. 토익점수 없이도 지원가능한 대기업도 많고, 금융 3종 세트 없이도 은행에 취업한 구직자도 생각보다 많다. 스펙이 아니라 직무 적합성을 본다는 말이다.

결국 노느니 1점이라도 토익 점수를 올리고, 컴퓨터 자격증이라도 따 놓고 보자는 심리는 취업을 위한 것이라기보다 마음의 안정을 위한 것이다. 직무가 모호하다 보니 그에 따른 전략도 없고 무작정 남들 하는 대로 열심히만 하게 되는 것이다. Work Hard보다 Work Smart를 해야 살아남는 시대에 이 무슨 역주행인가?

다시 한 번 강조한다. 취업 2년 버티기를 하기 위해서는 무엇보다 직무를 먼저 결정해야 하고 회사는 나중이다.

● ● ●

그렇다면 그 다음이 회사일까?

두 번째로 결정해야 할 것은 크기로 따지자면 직무Job나 회사

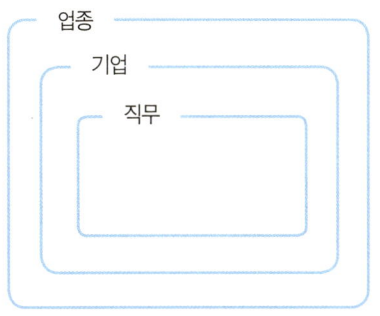

업종 안에 기업이, 기업 안에 직무가 포함된다. 그러나 결정해야 하는 순서는 직무, 업종, 기업이다. 이렇게 생각해 보라. 이 세 가지 가운데 가장 오래 살아남을 것이 무엇인가? 회사는 언제든 없어질 수 있다. 요즘 같은 시기에는 하루에도 수십 곳, 수백 곳이 문을 닫는다. 그러나 업종 자체가 없어지는 경우는 드물다. 나아가 업종 자체가 아예 사라지기도 한다. 그러나 직무Profession 자체는 사라지지 않는다. 그래서 직무 → 업종 → 회사 순으로 선택하는 것이 정석이다.

Company보다 훨씬 크다. 범위가 너무 커서 그런지 대부분의 구직자들이 간과하는 경향이 있다. 바로 업종Industry이다.

무슨 일직무을 할지 정했다면 그 일을 어떤 분야Field에서 할지 정해야 한다. 왜냐하면 같은 직무라도 업종에 따라 하는 일이 다르기 때문이다. 그 이유는 크게 두 가지다.

첫째, 고객 특성에 따라 업무가 달라진다.

영업의 경우 개인고객을 상대B2C, Business to Consumer로 하는 아모레퍼시픽의 영업과 기업고객을 상대B2B, Business to Business로 하는 포스코의 영업은 전혀 다르다. 우리는 흔히 영업을 고객에게 아쉬운 소리를 하는 직무로 알고 있는 경우가 많다. 물론 어느 정도 맞는 말이기는 하다. 그러나 100% 맞는 말은 아니다. 영업은 소위 갑甲과 을乙의 경계가 명확하다. 개인고객을 상대로 방문판매를 하는 경우는 고객이 절대적인 갑이다. 하지만 기업고객을 상대로 영업을 할 때는 갑과 을의 위치가 바뀌기도 한다. 대리점주들이 오히려 영업사원에게 물량 확보를 위해 읍소하는 경우가 많다.

둘째, 동일한 정보도 업종 특성에 따라 달리 해석된다.
일을 잘하기 위해서는 직무를 수행하기 위해 필요한 기본적인 지식과 더불어 해당 업종에 대한 특징을 알고 있어야 한다. 회계 업무를 하고 싶다면 기본적인 회계에 대한 지식과 개념을 알아야 하지만, 업종의 특성에 대한 이해가 없으면 업무 지식을 제대로 활용할 수 없게 된다.

예를 들어 조선업에 지원한다면 조선업에 필요한 재무제표의 특징을 알고 있어야 한다. 우리는 흔히 부채가 많은 기업은 위험한 것으로 알고 있다. 하지만 조선 업종은 예외다. 조선사는 선박을 건조하기 전에 고객_{선주}으로부터 계약금을 받는데, 이것이 재무상태표_{대차대조표}에 선수금_{Advances from Customers}이라는 부채로 기록된다. 주문이 많아질수록 부채가 늘어나는 상황이 발생한다. 즉 부채비율이 높은 이유가 선수금의 증가 때문이라면, 수주 물량이 그만큼 많다는 의미이기 때문에 경영환경은 물론 경쟁력도 있는 기업이라고 봐야 한다.

이렇듯 업종이라는 틀로 직무를 들여다보면 업종별로 직무가 모두 달라진다. 같은 직무라고 해서 반드시 같은 일을 하는 것은 아니다. 따라서 취업 목표를 잡을 때에는 직무 다음으로 업종을 선택해야 한다. 기본_{직무}이 바탕이 된 상태에서 응용_{업종}이 가능하기 때문이다. 업종을 바꾸게 되면 업종 분석도 새로 해야 되고, 업종의 특성이 반영된 직무의 특징도 확인해야 된다.

종종 이런 질문을 듣는다.

"직무를 정하고 나면 취업 분야가 좁아지지 않습니까?"

그렇게 보일 수 있다. 게다가 업종까지 설정하면 더욱 더 좁아지는 것 같다. 하지만 이 과정을 거치면 오히려 지원분야가 넓어진다. 왜냐하면 관심밖에 있던 기업, 보이지 않던 기업들이 눈에 들어오기 때문이다. 일반인들은 업종의 대표기업 한두 개 정도만 알고 있다. 그것도 B2C 업종에 한해서만 그렇다. B2B 기업의 경우, 국내 대표기업은 물론 해당 업종의 글로벌 기업도 모르는 경우가 허다하다. 그런데 목표 업종을 설정하게 되면 업종 내에 어떤 기업들이 있는지 자연스럽게 알게 된다. 대다수 업종은 관련 협회가 있다. 협회 홈페이지에서 회원사 검색이 가능하고, 특히 금융감독원 전자공시시스템dart.fss.or.kr에서는 매출액기준 업계 순위도 쉽게 확인할 수 있다.

그렇다. 목표를 하나로 정하고 준비를 하면 갈 곳이 좁아질 것 같은데 역설적이게도 넓어진다. 자동차 업종에 관심이 없는 구직자에게는 현대자동차, 기아자동차, 르노삼성, 한국GM, 쌍

용자동차 정도밖에 안 보이지만, 자동차 업종을 목표로 한 구직자에게는 완성차뿐 아니라 부품업체까지 그 범위가 늘어난다. 5개 정도이던 자동차 회사가 100개 이상으로 확대된다.

마지막 세 번째로 결정해야 할 것이 회사Company다.
어떤 일Job을 할지 정하고, 그 일을 어느 분야Industry에서 할 것인지 정했다면, 마지막으로 어느 곳Company에 지원할 것인지 정해야 한다. 선택한 업종 내에서 어떤 위치에 있는 회사를 갈 것인지, 예컨대 업계 순위 10위권, 30위권, 100위권 등 자신의 목표를 정한다. 경험도 충분하고 준비도 잘 되었다고 판단되면 10위권 이내 기업으로, 낮다면 100위권 또는 순위 밖 기업으로 잡는다.

첫 직장은 당연히 좋은 곳에 가고 싶겠지만, 준비가 부족하다면 스펙 쌓느라 백수로 시간을 보내느니 낮은 순위의 기업이라도 들어가 경험을 쌓는 것이 유리하다. 남들이 스펙 쌓는 시간에 스펙보다 값진 경험을 쌓을 수 있기 때문이다. 취업 대신 스펙을 쌓은 사람은 앞으로 해야 할 게 '취직'이고, 그 시간에 기업에서 직무 경험을 한 사람은 나중에 '이직'을 할 수 있게 된다. 해당 분야에서의 출발선이 달라진다.

정리를 하면 취업을 준비할 때 결정해야 할 것은 3가지다. 그리고 이 3가지는 순서대로 정할 때 의미가 있다.

첫째, 직무 Job 를 결정할 것

둘째, 업종 Industry 을 결정할 것

셋째, 회사 Company 를 결정할 것

그런데 대부분의 구직자들은 위 순서와는 정반대로 회사 → 업종 → 직무 순으로 설정한다. 컨설팅을 해보면 구직자들이 취업포털사이트에서 채용정보를 보는 정형화된 패턴이 있다. 회사의 조건 연봉, 통근거리 등 을 먼저 보고, 그 다음에 그 회사가 무엇을 하는지 보며 업종, 마지막으로 어떤 일 직무 인지를 본다. 가장 먼저 설정해야 될 직무는 제일 마지막에, 가장 늦게 설정해야 될 회사는 제일 처음에 정한다. 이상적인 취업 목표 설정법과 정확히 반대로 목표를 정하기 때문에 취업이 힘든 것이다.

모든 전략의 시작은 목표다. 취업전략도 마찬가지다. 제대로 된 취업 목표를 정하면 그에 맞도록 과거 경험에 의미를 부여하고, 부족한 경험은 채우고, 직무 관련 교육이나 자격증 등을 취득하면서 준비를 해야 한다. 다음으로 해당 업종 종사자나 구직자들이 만든 커뮤니티나 온라인 카페에 가입하여 필요한 자질이나 업계 현황, 경쟁관계, 트렌드 등도 분석한다. 마지막으로 업계 상위권 기업들의 채용공고를 파악하여 지원 자격에서 본인이 부족한 스펙을 채운다. 이 모든 준비가 끝났을 때 지원을 하는 것이 정석이다. 정리하면 다음과 같다.

입사지원 Process

첫째, 직무목표 설정
과거 경험 정리 후 직무와 관련된 의미를 부여함.

부족한 경험은 아르바이트나 산학실습, 인턴 등으로 채움.
직무 관련 교육 이수 및 자격증 취득

둘째, 업종목표 설정
업계 종사자 및 구직자 커뮤니티 가입
업계의 인재상, 현황, 트렌드 분석

셋째, 기업목표 설정
업계 상위권 기업 채용공고 확인 후 부족한 스펙 준비

마지막으로 입사 지원!

그럼에도 불구하고 지원한 기업에서 떨어진다면?

그럴 때에는 업종 내 다른 기업에 지원하면 된다. 그것도 별다른 준비 없이 가능하다. 왜냐하면 이미 해당 직무와 업종에 대한 분석이 끝났고, 상위권 기업에서 요구하는 스펙을 맞췄기 때문에 업종 내에 있는 다른 기업에 얼마든지 지원할 수 있기 때문이다. 직무 설정 → 업종 설정 → 기업 설정. 이 공식을 따랐을 때 Plan B가 가능하다. 업종 내 다른 기업에 바로 지원이 가능하니까. 이렇게 되면 취업이 그렇게 어렵고 멀기만 한 것은 아니다.

만일 회사만 보고 입사지원을 한다면? 그래서 지원할 때마다 직무와 업종을 넘나드는 구직자라면? 당신은 해당 직무, 업종, 회사 분석까지 완벽히 준비된 사람과 경쟁해야 한다는 사실을 유념해야 한다. 그들과의 경쟁, 자신 있는가?

돛단배를 타고 바다를 나갔을 때, 목표가 없으면 불어오는 모든 바람이 역풍이다.

취업을 힘들게 하는 이유 중 가장 큰 이유가 잘못된 목표 설정이다. 이미 그 자체로 엄청난 저항을 받고 있는 것이다. 순풍을 타려면 가고자 하는 방향부터 올바르게 정해야 한다.

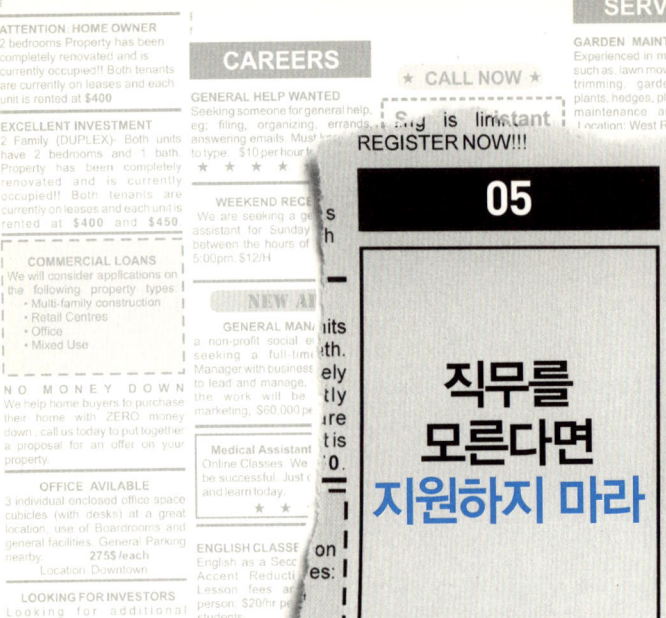

"Black out"

아찔하다 못해 눈앞이 캄캄해지는 상태. 군사적으로는 급선회

하는 전투기 조종사가 다리 쪽에 몰린 피 때문에 시야를 잃는

현상을 말한다. 의학계에서는 술이 과해서 속칭 '필름이 끊긴

상태'를 블랙아웃이라고 칭하기도 한다. 요컨대 예기치 못한

갑작스러운 변화에 신체가 제대로 적응하지 못하면 블랙아웃

에 빠지게 된다.

2012년 한국경영자총협회 통계 자료에 따르면 대졸 신입사원의 1년 내 퇴사율이 23.6%, 합격 후 입사 포기가 7.6%로 10명 중 3명이 1년 이내에 회사를 관두는 것으로 나타났다. 신입사원 조기 퇴사 이유는 '조직 및 직무 적응 실패43.1%'가 가장 높았다. 블랙아웃이다.

생각 외로 많은 구직자들이 자신이 하게 될 직무나 기업에 대한 분석을 하지 않는다. 중소기업은 관련 자료가 없어 기업분석을 못 한다 해도, 그 기업이 속한 업종과 지원 직무는 최소한 분석해야 한다. 그것이 지원할 기업에 대한 도리이자 당신의 미래에 대한 예의이다.

은행은 전통적으로 선호하는 직장이다. 예나 지금이나 경쟁률이 높기로 유명하다. 은행 입사를 희망하던 학생과 상담 도중 학생의 아버지가 은행 지점장이라는 사실을 알게 되었다. 그래서 물었다.

"아버지가 입사지원 하는 거 반대 안 하시니?"

돌아오는 학생의 대답.

"네, 반대하세요."

밖에서 관망하는 것과 안에서 겪어보는 것은 이렇게 간극이 있다. 은행은 생각만큼 좋은 직장이 아니다. 포화상태에 이른 은행업은 경쟁사의 고객을 빼앗아오는 것으로 몸집을 유지한다. 그 과정에서 죽어나는 건 직원이다. 매월 지점별로 통장계좌, 카드, 펀드 등 할당량이 떨어지고, 이는 반드시 달성해야 한다. 그 스트레스를 너무 잘 알기에 은행 지점장은 딸의 은행 입사지원을 반대할 수밖에 없었을 것이다. 최근에는 모 은행 지점장이 실적 압박에 시달리다 자살하기도 했다.

다른 회사에 지원할 수 있는 기회비용까지 날려가며 힘들게 들어간 직장을 입사와 동시에 LTE급으로 퇴사하지 않으려면 반드시 직무와 기업_{업종}을 분석해야 한다.

먼저, 직무 분석에 대해 알아보자.

직무는 크게 지원기능과 주요기능으로 나뉜다. 주요기능에 속한 직무는 업종의 특성이 반영되고, 실질적으로 돈을 벌어오는 직무들이다. 지원기능에 속한 직무는 주요기능에 속한 직무들이 업무 수행을 잘할 수 있도록 지원해주는 직무들이다. 아래 각 기능별 직무들에 대해 정리해 보았다.

: **직무 분류표**

기능	직무명	주요 업무
지원기능	경영기획	• 경영계획 수립/전략기획/회사 비전 수립 • 신규사업 검토/기획/추진 • 경영정보자료 수집/분석, 사업계획 및 성과 분석 • 감사/경영관리
	인사/노무/교육	• 인력 수급 및 고용 관리, 급여/복리후생 • 노무 관리 • 교육계획 수립/교육 실시
	총무	• 비품 및 자산 관리, 사무 인프라 조성 관리 • 각종 인허가 및 대관업무 • 의전/비서/행사
	회계/경리/자금	• 자금 조달 및 운용, IR • 재무제표 작성 및 제세금 계산/납부, 세무 관리 • 원가 계산 및 관리

셋째 날 "취업은 속도가 아니라 방향이다"

지원 기능	광고/홍보	• 기업PR 및 제품광고 • 광고홍보 자료조사 및 전략 수립 • 사보 제작
	법무/감사	• 법제 연구 및 자문, 특허 관리 • 소송 수행
	전산직	• IT전략 수립 • Sever/Network/OA 운영관리 • ERP 및 소프트웨어 운영관리
주요 기능	구매/자재	• 구매계획 수립 • 업체 관리, 자재 관리
	영업	• 시장 개척 및 수주 관리 • 고객 및 거래처 관리 • 판매 및 수급 관리
	마케팅	• 마케팅전략 수립 • 시장 분석 및 경쟁사 동향 파악, 고객정보 수집 및 분석
	해외영업	• 시장 개척 및 수주 관리 • 고객 및 거래처 관리, 판매 및 수급 관리 • 해외지사 관리
	연구개발	• 제품 및 공정 개발 • 기술정보 수집 및 기술동향 분석 • 연구보고서 작성 및 보고

취업 앞에서 머뭇거리는 당신에게

주요 기능	생산기술	• 설비 운용관리 및 계획 수립 • 신기술 도입 및 개발 • 장비 설치 및 시운전
	제조	• 작업표준화 • 생산 및 출하

(※ 이러한 직무를 수행하는 데 필요한 역량이 〈첫째 날〉에서 소개한 직무별 역량표이다.)

이렇게 지원기능과 주요기능에는 각각 7가지 직무가 있다. 각 직무별로 적게는 2개에서 많게는 6개까지의 주요 업무가 있다. 그렇다면 이런 직무들은 어떻게 분석해야 할까?

주요기능 가운데 첫 번째 항목인 〈구매 직무〉를 통해, 직무를 분석할 때 확인해야 될 사항들을 알아보자.

직무 분석표 예제

① 직무Job	구매
② 주요 업무Task 3가지	1. 품질안전을 염두에 둔 구매계획 수립 2. 저비용 소싱을 통한 원가 절감 3. 협력업체 관리

③ **필요 자격** Education & Certification			해당 산업 전공자 상경계열 구매자재관리사 국제공인공급관리전문가CPSM
④ **필요 경험** Experience			ERP 관련 교육 및 구매 관리자 교육
⑤ **의사소통범위** Communication Span	회사 내부		1. 생산팀 2. 연구개발팀 3. 마케팅팀
	회사 외부		1. 협력업체 2. Agent 3. Stock 업체
⑥ **To-Be**	직무 역량 Competency – 요구되는 것	지식 Knowledge	회계지식, 경영관련지식, 품목 및 업계지식, 원재료 시황, 원부자재특성 및 공급루트
		스킬 Skill	커뮤니케이션 스킬, 외국어능력, 컴퓨터 활용능력
		태도 Attitude	협상력, 분석력, 기획력, 의사소통능력, 전략적 사고, 치밀성, 윤리의식, 경영학 마인드
⑦ **As-Is**	직무 역량 Competency – 재학기간 동안 내가 한 것	지식 Knowledge	관련전공전자공학, 경영학 복수전공
		스킬 Skill	TOEIC Speaking 6급, 컴퓨터활용능력군행정병

		태도 Attitude	협상력 휴대폰 판매 아르바이트 기획 력/분석력 아이디어 공모전 장려상
⑧ 유사 직무 Sub Job Family_Plan B			자재관리, 무역사무

이 표를 작성하는 것이 곧 직무 분석에 해당한다. 작성 방법은 다음과 같다.

① 직무명 : 분석해야 할 직무 명칭을 쓴다. 기업마다 불리는 명칭이 다른 경우도 있으므로 정확히 파악한 후 작성한다.

② 주요 업무 3가지 : 직무는 과업Task의 집합이다. 해당 직무를 수행하면서 개인이 실시하는 구체적이고 명확한 작업 활동을 과업이라고 한다. 쉽게 말하면, 그 일이 회사에 기여하는 바를 우선순위에 따라 작성하면 된다. 직무의 본질을 뜻하며, 일을 중심으로 작성한다.

③ 필요 자격 : 직무를 수행하기 위해 필요한 학력, 전공, 자격 등의 조건을 쓰면 된다. 주요 업무가 일이 중심이라면, 필요 자격은 사람을 중심으로 작성한다.

④ 필요 경험 : 직무 수행에 도움이 되는 경험을 쓰면 된다. 신입의

경우 관련 아르바이트나 인턴 경험을 쓸 수 있다. 구매 직무의 경

우 신입은 관련 경험을 하기 힘들기 때문에 교육을 수료한 경험이

있으면 유리하다.

⑤ 의사소통범위 : 직무 수행시 커뮤니케이션이 많은 부서나 조직을

회사 내부와 외부로 구분해서 작성한다. 직무에 따라 외부 조직의

경우 정부나 기관이 될 수도 있다. 의사소통범위를 파악하는 것은

회사의 시스템과 전체적인 업무 프로세스에서 직무의 역할을 파

악하는 데 도움이 된다.

⑥ 직무 역량~To-Be~ : 기업에서 직무 수행을 위해 요구하는 것을 조사

후 작성한다. 대부분 채용공고를 통해 확인할 수 있다. 태도적인

부분은 기업 채용 홈페이지나 고용노동부 홈페이지에서 확인 가

능하다.

⑦ 직무 역량~As-Is~ : As-Is는 현재 자신이 갖춘 것을 작성한다. 지식/

스킬/태도는 항목별로 구체적인 사례도 함께 써서 증명할 수 있

어야 한다. 조사 후 To-Be와 As-Is 사이에 생기는 Gap은 당연

히 채워야 한다.

취업 앞에서 머뭇거리는 당신에게

⑧ 유사 직무 : 지원하려는 직무에 취업이 안 되었을 때를 대비하기 위한 것이다. 차선책으로 관련된 직무를 찾아 놓아야 만일의 경우 별 다른 준비 없이 지원이 가능해진다.

직무 분석표에 있는 항목을 조사하기 위해서는 다음 사이트를 참고하면 좋다.

<직무 분석을 위한 참고 사이트>

1. 워크넷www.work.go.kr을 통한 직무분석 :「직업정보검색」

2. 직업사전www.career.go.kr을 통한 직무분석 :「미래의 직업세계〉직업정보」

3. 취업사이트를 통한 직무분석 : 잡이룸www.joberum.co.kr「직무사전」

4. 기업 홈페이지를 통한 직무분석

  • CJ : recruit.cj.net「직무소개〉회사명〉직무명」

  • 두산 : career.doosan.com「자회사/직무소개〉두산인의 하루〉자회사 직무소개」

  • SK : www.skcareers.com「SK관계사〉회사명〉직무

소개」

- 한화생명 : www.hanwhalife.com 「회사소개〉채용〉직무소개」

- 대림산업 : www.daelim.co.kr 「인재채용〉직무소개〉직무정보」

- 신세계 : job.shinsegae.com 「회사별 소개〉회사명〉직무소개」

- 이랜드 : www.elandscout.com 「직무소개」

- SK하이닉스 : www.skhynix.com 「인재채용〉직무소개」

- 포스코 : www.posco.com 「포스코〉채용〉부문별 업무소개」

- LG화학 : recruit.lgchem.co.kr 「직무/근무지소개」

- 아모레퍼시픽 : recruit.amorepacific.co.kr/main.do 「인사제도〉직무소개」

- GS리테일 : www.gsretail.com 「GS리테일소개〉채용안내〉직무소개」

- 동원그룹 : www.dwhr.co.kr 「채용안내〉직무소개」

※ 이 외에도 각 산업별로 상위권에 있는 기업 홈페이지 채용 코너에 가면 대부분 직무소개가 잘 되어 있다.

5. 기타 : 직무 전문가 인터뷰
- 가장 확실한 방법이다. 인터넷을 통해 기본적인 직무 정보를 조사한 후 직무 전문가를 만나 직무의 장단점과 실질적으로 직무 이해에 필요한 사항을 인터뷰할 것을 권한다.

위에서 안내한 내용을 토대로 본인의 관심 직무에 대해 다음 표를 작성해보자.

⋮ 나의 관심 직무 분석

직무 Job	
주요 업무 Task 3가지	1. 2. 3.
필요 자격 Education & Certification	
필요 경험 Experience	
의사소통범위 Communication Span	회사 내부	1. 2. 3.
	회사 외부	1. 2. 3.

취업 앞에서 머뭇거리는 당신에게

To-Be	직무 역량 Competency - 요구되는 것	지식 Knowledge	
		스킬 Skill	
		태도 Attitude	
As-Is	직무 역량 Competency - 재학기간 동안 내가 한 것	지식 Knowledge	
		스킬 Skill	
		태도 Attitude	
유사 직무 Sub Job Family_Plan B			

셋째 날 "취업은 속도가 아니라 방향이다"

2009년부터 2011년까지 한국경제TV 〈일하는 대한민국〉이라는 프로그램에 고정 패널로 출연한 적이 있었다. 그때 담당 PD에게 방송국 면접에 대해 질문한 적이 있다. 돌아오는 답변이 이랬다.

"PD 지원자들이요? 현재 우리가 방송중인 프로그램에 대해서 질문을 하는데 거의 대부분 답변을 못해요."

심지어는 합격 후 연출해야 할 프로그램에 대해서도 모니터링조차 하지 않고 참가하는 지원자도 많다고 했다. 그들은 과연 용감한 걸까, 무모한 걸까?

또 다른 방송국 얘기. 아나운서 실기 테스트를 볼 때였다. 'On Air' 램프에 불이 들어왔는데 "지금 하나요?"라고 어느 지원자가 물었다. 역시 탈락이다. 램프에 불이 들어오면 당연히 방송중이 아닌가?

좋아하고 사랑하게 되면 궁금해지고 알고 싶어지는 건 당연하다. '열심히 하겠습니다.' 백날 외치면 무얼 하는가? 입사 후에 어떻게 근무하게 될지 조사도 안 하고 지원하는 것은 너무나도 뻔한 수작이 아닌가. 설령 면접에서 면접관은 속이더라도, 입사 후 일하게 되면 자기 자신은 속이지 못한다.

직무 분석은 당신이 사회에 나갈 때 겪게 되는 블랙아웃을 건어내 줄 수 있는 좋은 무기이다. 그 무기, 반드시 챙기기 바란다. 취업 후에도 구직활동을 계속하지 않으려면 말이다.

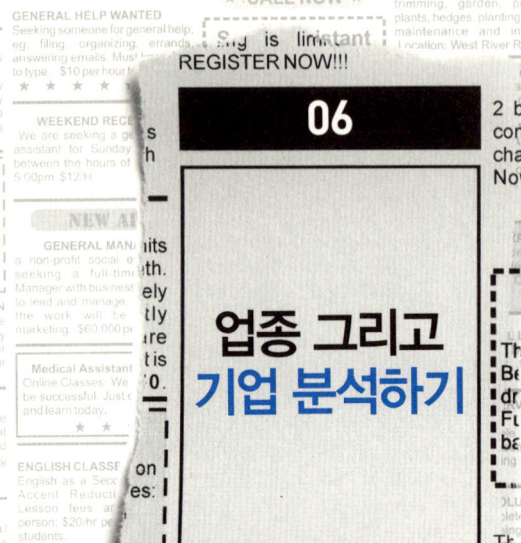

기업 분석과 업종 분석은 함께 설명하는 것이 이해가 쉽다. 왜냐하면 기업의 수익모델이나 특징이 업종의 특성을 그대로 반영하기 때문이다. 분석을 하다 보면 때로 기업과 업종의 경계가 불분명할 때도 있다. 기업 및 업종 분석은 다음 3가지 관점에 따라 분석한다.

첫째, 시장을 정의하라.

질문을 먼저 해 보겠다.

"삼성전자의 경쟁사는 어디인가?"

LG전자라고 답했다면 일부만 맞춘 것이다. 왜냐하면 삼성전자는 에어컨과 TV 분야에서는 LG와 경쟁관계이고, 디지털 카메라에서는 캐논, 니콘과 경쟁관계이다. 또한 휴대폰 분야에서는 애플과 경쟁관계에 놓여 있다. 특히 애플과는 현재 특허 소송중이지만 휴대폰 부품은 협력관계이기도 하다.

단순히 1차원적으로 회사만 가지고 기업 분석을 하면 곤란하다. 회사 대 회사로만 묶는 것이 아니라, 제품과 서비스로 시장을 구분해야 한다. 회사가 제공하는 제품과 서비스가 어느 시장에 속해 있고, 해당 시장에는 어떤 플레이어가 있는지 살펴야 한다. 때문에 삼성과 애플처럼 경쟁관계에 있으면서도 동시에 협력관계에 있는 경우도 있다.

시장 정의를 제대로 하지 않으면, 회사 대표 제품만으로 업종 분석을 하는 우를 범하게 된다. 제품과 서비스를 각각 놓고 시장을 정의한 후 분석에 들어가야 한다.

둘째, 업종의 특징을 분석하라.

기업 및 업종을 분석할 때 두 번째로 해야 할 일은 업종의 특징을 분석하는 일이다. 업종을 분석하기 위해서는 해당 업종의 비즈니스 모델은 어떻게 되는지 알아야 한다. 즉 어떻게 돈을 버는지Earning System 분석해야 한다.

예를 들어, 정유회사의 주요 비즈니스 모델은 정제 마진이다. 정제 마진이란 원유땅속에 묻혀 있는 기름를 정제해 휘발유 · 경유 · 나프타 naphtha 등 석유 제품을 만들어 얻는 이익을 말한다. 그리고 정유 업계 수익성에 영향을 미치는 주요 요소는 유가와 환율이다. 또한 고도화 비율도 정유회사의 수익성에 영향을 미친다. 고도화 비율이란 원유를 정제하고 남은 저급의 벙커C유를 휘발유, 등

유, 경유 등의 경질유로 전환시키는 비율을 말한다.

이렇게 해당 업종의 수익 모델이 어떻게 되며, 업종을 둘러싼 외부 환경 중 어떤 요소에 민감하게 반응하는지 등을 확인해야 한다. 이때 같은 시장에 있는 기업들 사이의 경쟁관계도 분석한다.

셋째, 기업 전략을 분석하라.

세 번째는 기업 전략이다. 기업들은 자신의 위치에 따라 구사하는 전략이 다르다.

국내에 오디션 열풍을 몰고 온 엠넷m.net의 〈슈퍼스타 K〉는 왜 나오게 되었을까? 이유는 연예인들의 출연료가 급등했기 때문이다. 상금이 억 단위가 넘고, 참가자가 100만 명을 넘어서는 초대형 프로젝트인 오디션을 기획한 이유는 아이러니하게도 제작비 때문이었다.

연예인 출연료가 껑충 뛰는 바람에 섭외가 어려워지자, 케이블 방송국은 프로그램 제작에 어려움을 겪게 된다. 방송국은 비즈니스 모델이 광고 수익인데, 유명 연예인이 출연하지 않는 프로그램의 시청률은 낮을 수밖에 없다. 자연스레 광고 수익은 감소하게 되고, 프로그램 제작은 더 어려워지는 악순환이 되풀이되었다.

연예인을 출연시키지 않고 저렴한 제작비로 프로그램을 만드는 방법은 일반인을 출연시키는 것이었고, 〈슈퍼스타 K〉는 그런 배경에서 탄생되었다. 〈슈퍼스타 K〉는 참신한 기획의 결과라기보다 낮은 제작비로 프로그램을 만들기 위한 고육지책이었던 것이다. 서인국부터 로이킴까지 우승자를 비롯한 모든 참가자들은 수개월간 방송에 출연하면서 출연료를 단 한 푼도 받지 않았다.

그러고 보면 엠넷m.net을 보유한 CJ E&M의 계열사들은 유독 오디션 프로그램을 많이 한다. 〈슈퍼스타 K〉, 〈보이스오브코

취업 앞에서 머뭇거리는 당신에게

리아〉, 〈보이스오브코리아 키즈〉, 〈코리아갓탤런트〉, 〈오페라
스타〉가 모두 CJ E&M에서 하는 오디션 프로그램들이다 코리아
갓탤런트, 오페라스타는 2012년 12월부로 폐지되었다. 오페라스타를 제외하곤 모두
일반인을 대상으로 한 오디션 프로그램이다.

CJ E&M은 아시아 No1. 컨텐츠 그룹을 비전으로 최고, 최초,
차별화 전략으로 CJ미디어, 온미디어, CJ엔터테인먼트, 엠넷
미디어, CJ 인터넷 등 6개의 CJ 미디어계열사가 합병하여 2011
년 3월 1일 출범하였다. 콘텐츠 OSMU One Source Multi Use를 통한
사업기회 확대를 위해 전략적으로 콘텐츠 관련 회사들을 합병
한 것이다.

같은 방송업종이라도 공중파인지 케이블인지에 따라 전략이
다르고, 같은 케이블이라도 다루는 콘텐츠에 따라 다시 전략이
세분화된다. 이 전략들을 알려면 현재 시점에서 지원하려는 기
업의 이슈가 무엇인지 파악해야 한다.

이렇게 기업과 업종 분석은 기계적으로 기업 설립자, 대표이사, 주가, 매출액 등을 조사하는 것이 아니라 전략적인 관점에서 업의 본질을 들여다 보아야 한다.

아래는 기업 및 업종을 분석할 때 참고할 만한 도구이다.

〈기업 및 업종 분석시 참고할 도구〉

1. 코참비즈www.korchambiz.net : 「기업분석〉재무분석」 - 업종 선택 후 해당업종 회사 순위 파악

2. 금융감독원 전자공시시스템dart.fss.or.kr : 「기업개황」 - 회사명 입력 후 가장 최근의 반기보고서 자료 참고

3. 산업별 협회 : 회원사 현황, 보도자료, 전문가 칼럼, 통계내역 등 참고

4. 기업 홈페이지 : 사보, 보도자료, 제품소개, CEO 신년사한 해 전략을 유추할 수 있다

5. 증권사 홈페이지 : 「리서치〉기업/산업」 - 기업 분석 및 산업분석 자료 참고

6. 한국언론진흥재단www.kinds.or.kr : 기업 및 업종 키워드로 관

련 기사 검색

7. 국회도서관www.nanet.go.kr : 「전자도서관」 – 기업 및 업종
   키워드로 관련 논문 검색

8. 각종 경제연구소 : 삼성경제연구소, LG경제연구원 등에서
   기업 및 업종 키워드로 관련 자료 검색

9. 업종관련잡지 : 헤드라인 기사, 전문가 칼럼, 대표회사 소
   식, 신기술/신제품 동향 등 파악

위에서 언급한 3가지 관점에서 9가지 도구를 활용하여 기업 및

업종 분석을 해보았다.

〈기업 및 업종 분석 예제〉

1. 기업 : 이베이코리아지마켓

2. 업종 : 전자상거래 〉 오픈마켓 비즈니스

3. 업종 특징

1) 오픈마켓 - 개인 또는 소규모 업체가 온라인상에서 직접 상
   품을 등록해 판매할 수 있도록 한 전자상거래 사이트. 대표

적인 국내 사이트로는 G마켓, 옥션, 11번가 등이 있다. 세계 최대 전자상거래업체인 이베이가 지난 2001년 옥션을 인수한 데 이어, 2009년 4월 국내 1위의 오픈마켓인 G마켓을 인수했다. 이로써 이베이는 국내 온라인 쇼핑몰시장 점유율의 37%를 차지하게 되었다.

2) 전자상기래의 종류

3) 오픈마켓 비즈니스 수익모델

① 판매수수료

• 소비자와 판매자 사이에서 인터넷상에 판매 공간을 제공

하면서 중개수수료 수익을 거둠.

- 수익의 대부분을 차지함 G마켓의 경우 전체 수익의 60% 이상.

② 광고비용

- 자체 내 키워드 판매, 메인 상단 광고 판매 등
- 판매수수료에 치우쳐 있는 수익모델 다변화를 위해 모든 오픈마켓 회사들이 적극적인 광고영업에 나서고 있음.

4. 기업 분석

1) 시장 이해 - 소비자 관점

타깃 고객	제품/서비스	전략
가격에 민감한 소비자 (학생 등)	의류, 가전 등 전 제품	• 가격 중심의 저렴한 제품 소구 • 소셜 쇼핑접근 유도
가격에 민감하나 품질도 신경 쓰는 소비자 (중층 이상의 직장인 등)	의류, 잡화 등	패션소호 및 백화점 관 운영
품질을 중요시하는 상층 소비자	전 제품군	오픈마켓 이용 빈도가 매우 낮음

2) 경쟁 이해

판매전략, 콘셉트	표적시장	경쟁사
대형마트 이용자 흡수	마트에서 장을 보는 주부 및 1인 가정	이마트, 홈플러스 등 오프라인 마트
최저가 상품 판매	가격지향적인 대부분의 오픈마켓 이용자	11번가, 네이버 N샵 등 오픈마켓
소셜쇼핑	소셜커머스 이용자 (기존 소셜쇼핑 이용자 및 G마켓 회원들 중 신규이용자 유치)	제휴사 외 소셜커머스
패션소호	개인의류쇼핑몰 이용자	개인쇼핑몰
백화점관	브랜드 상품을 저렴하게 구입하고자 하는 소비자	신세계몰, GSeshop 등 종합쇼핑몰
광고 및 제휴영업	G마켓, 옥션을 통해 마케팅을 진행하고자 하는 모든 주체	기존 오픈마켓을 포함한 네이버, 다음 등의 포털

3) 조직 이슈

① 점유율 감소 : 경쟁사 11번가의 약진으로 오랜 기간 1위를 달리던 G마켓과 옥션 모두 점유율이 감소했고, 오픈마켓을 찾던 소비자들이 종합쇼핑몰의 다양한 판촉행사에 이끌려

카드사 연계 이벤트 등 이동하면서 점유율이 감소하고 있음. 11번가에서 최저가 110% 보상제, 가품 110% 보상제 등을 시행한 것 또한 하나의 요인

② 이익률 감소 : 11번가, 네이버 N샵 등 경쟁업체의 공격적인 마케팅에 맞서 점유율을 지키기 위한 다양한 할인행사와 이벤트로 이익률 감소

③ 소비자 성향 변화 : 최저가 상품을 제공하는 오픈마켓의 특성상 가장 저렴한 상품을 제공하는 판매자의 상품이 잘 팔림. 최저가 추구로 제품의 질이 급격히 낮아졌으며 이러한 문제가 누적되면서 오픈마켓에서 등을 돌리는 소비자가 생겨남.

앞에 제시된 예제를 항목별로 작성하는 법은 다음을 참고하기 바란다.

① 기업명 : 알려진 브랜드와 기업이 일치하지 않는 경우가 많다. 화장품 브랜드인 '미샤'는 알아도 '에이블씨엔씨'는 모른다. 에이블씨엔씨가 미샤라는 브랜드의 화장품을 만드는 기업이다.

② 업종 : 기업이 속해 있는 업종을 잘 파악해야 한다. 특히 코참비즈에서 업종을 검색할 때에는 주업종과 부업종 구분을 잘해야 한다. 화장품 업계 상위 기업인 'LG생활건강'의 경우 화장품 업종에서 검색되지 않는다. 이유는 LG생활건강의 주업종은 '치약, 비누 및 기타 세제 제조업'이고, 부업종이 '화장품 제조업'이기 때문이다.

③ 업종 특징 : 업종이 세부적으로 어떻게 나뉘는지, 수익 모델은 어떻게 되는지 등을 파악한다.

④ 기업 분석

- 시장 이해 : 자사의 제품 또는 서비스가 어느 시장에 속해 있는지, 제품 및 서비스에는 어떤 종류가 있는지 등을 파악한다.

- 경쟁 이해 : 제품 및 서비스별로 경쟁관계에 있는 회사 또는 유사 업종을 파악한다.

- 조직 이슈 : 목표 기업의 최근 이슈를 조사하되 해당 이슈가 지원 직무에 어떤 영향을 끼치는지 조사한다.

취업 목표는 수차례 강조했듯이 직무—업종—기업 3가지 목표를 모두 포함하는 것이어야 한다. 그리고 각각의 분석법에 따라 구체적으로 분석을 수행해야 입사 후에 잘 적응할 수 있다. 이런 과정을 거치지 않으면 취업 후 예측하지 못한 일에 부딪쳐 어렵게 들어간 회사를 쉽게 나올 수 있다. 혹시 3가지 취업 목표를 분석하는 것이 번거롭고, 시간도 아깝다고 생각하는가? 하지만 이는 입사 후 방황하게 될 시간에 비하면 정말 아무것도 아니다.

현재 자신이 처한 상황에서 어떻게 준비해야 효과적으로 취업에 성공할 것인지 알아보자. 이것을 한 단어로 줄이면 '전략'이 된다.

"어떤 목표에 도달하기 위한 최적의 방법"

'전략'의 뜻이다. 그리스어 'strategia'에 그 어원을 두고 있는 전략은 적을 속이는 술책이라는 뜻으로 전쟁에서 비롯된 말이다. 전쟁에는 반드시 상대가 있다. 전략 역시 상대가 있다. 그리고 상대의 목표와 나의 목표는 같다. 그 목표는 바로 '상대를 꺾고 내가 승리하는 것'이다.

문제는 나의 노력 이상으로 상대도 승리하기 위해 끊임없이 움직이며 노력한다는 사실이다. 전략을 짤 때 가장 중요한 전제가 있다. 상대는 끊임없이 머리를 쓰면서 전략을 짜고 있다는 사실이다. 상대가 늘 같은 위치, 늘 같은 병사, 늘 같은 전략으로 당신에게 대항하리라고 생각하면 안 된다. 승리하기 위해서는 상대의 행동을 예측하고 미리 움직여서 숨통을 죄어야 한다.

요트 경기에도 전략이 있다. 뒤따르는 요트가 앞선 요트의 전략을 따라하는 것이 아니라, 앞선 요트가 뒤따르는 요트의 전략을 따라하는 것이 관례다. 뒤따르는 요트가 방향을 바꾸면, 앞선 요트 역시 방향을 바꾼다. 심지어 뒤따르는 요트가 잘못된 방향으로 기수를 틀어도, 앞선 요트는 같은 방향으로 경로를 옮긴다.

왜 그럴까?

요트 경기에서는 기록이 중요한 것이 아니라, 단 1cm라도 먼저 들어오는 게 중요하기 때문이다. 선두 요트가 후미 요트에게 추월당하지 않을 수 있는 유일한 방법은 후미 요트가 사용하는 전략을 그대로 따르는 것이다. 그렇게 해서 벌어진 간격을 계속 유지한다.

이렇듯 상황에 따라 상식을 벗어난 전략을 써야 할 때도 있다. 그렇다면 취업전략은 어떻게 세워야 할까? 전략은 자신이 처한 상황과 환경에 따라 유동적이어야 한다. 그런데도 불구하고 학생들이 사용하는 대부분의 취업전략은 천편일률적이다. 상황별 취업전략을 김동우 취업 컨설턴트와 함께 연구하여 모델을 만들었다.

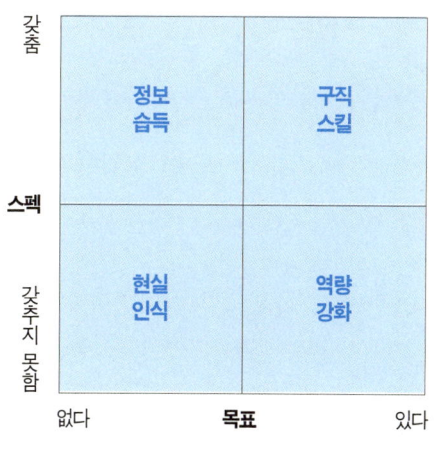

안시우-김동우 취업전략 모델

가로축은 목표, 세로축은 스펙이다. 모든 구직자들은 2×2
Matrix의 한 영역에 포함된다. 영역별로 가장 먼저 해야 될 것
을 정리하였다.

• 현실인식형

목표도, 스펙도 없는 구직자. 두 가지를 해야 한다. 첫째, 만만
해 보이는 회사에 입사지원을 한다. 일단 서류전형에서 탈락해
보길 바란다. 일종의 충격요법이다. 이 유형에 속하는 구직자
는 취업이 얼마나 어려운지 모른다. 채용공고를 봐도 '내가 넣

기만 하면 이 정도 기업은 우습게 합격한다'는 생각을 가지고 있다. 구직활동 경험이 없기 때문에 취업장벽이 얼마나 높은지 실감하지 못한다. 이를 위해서라도 빨리 입사지원을 해보는 게 좋다.

둘째, 목표를 설정한다. 목표도 없이 막연한 두려움에 토익과 OA 자격증에만 매달리는 구직자들이 많다. 대기업 중에 토익 점수 없이도 지원 가능한 기업도 많고, OA 자격증은 가점이 없는 경우가 대부분이다. 먼저 목표를 설정한 후에 그에 필요한 스펙이나 경험이 무엇인지 파악하고 전략을 세운다.

• 역량강화형

목표는 있지만 스펙은 없는 구직자. 역량 강화가 필요한 유형이다. 일할 의지와 관심은 있는데 자격이나 능력이 안 되는 유형이다. 목표에 비해 스펙이 부족한 경우는 조직생활 경험이 없거나 실무능력이 부족한 경우다. 이 유형은 지원 분야와 관련된 전문교육 과정을 수료하거나 관련 경험을 쌓는다. 관련 경험이나 회사 인턴 경험을 쌓기가 어려울 때는 학교 취업부서를 방문해보길 바란다. 산학연계과정이나 직장체험 프로그램, 인턴 프로그램 등이 다양하게 마련되어 있다.

• 정보습득형

스펙은 있지만 목표는 없는 구직자. 정보가 부족해서 목표 설정을 못하는 경우다. 높은 학점, 복수전공, 토익, 영어회화, 제2외국어, 대외활동경험을 갖춘 고스펙자가 이 경우에 해당된다. 이 유형은 다양한 산업, 기업, 직무 정보를 접해보기만 해도 빠른 시간 내에 문제를 해결할 수 있다. 취업 목표의 3가지 요소인 직무, 업종, 기업 정보에 관심을 기울인다. 기업의 채용 전용 홈페이지를 살펴보면 자세하고 다양한 정보를 얻을 수 있다. 또한 직무 관련 교육이나 아카데미에 등록하여 직무 이해를 먼저 히는 것이 바람직하다. 요즘은 학교별로 직무아카데미를 개설하는 곳이 많다.

• 구직스킬형

스펙도 목표도 갖고 있는 구직자. 취업시장에 자신을 알리는 기술만 익히면 된다. 지원 분야와 관련된 지식, 스킬, 경험 등 웬만큼 준비가 되어 있기 때문에 이 점을 인사담당자에게 효과적으로 알려야 한다. 이때 필요한 것이 바로 이력서와 면접 스킬이다. 단, 이 그룹은 갖춰진 스펙을 과신하여 면접을 망치는 경우가 많다. 모의 면접을 통해 실전 감각을 익히는 것이 중요하다.

지금 나는 어디에 속해 있는지 확인하라. 그렇다면 지금 당장 해야 할 일이 무엇인지 깨달았을 것이다. 이제 행동으로 옮기는 것만 남았다. 실천이 없는 전략은 아무런 의미가 없다.

서울의 한 대학에서 취업 컨설팅을 할 때였다. 그 날도 여느 때처럼 꽉 차있는 상담 스케줄 때문에 오전부터 바빴다. 점심시간이 지나자 한 여학생이 상담실 문을 두드렸다. 진로 상담을 하고 싶다고 했다. 졸업을 앞두고 있는데 취업보다 진학을 하고 싶다는 것이었다. 그 여학생의 스펙은 다음과 같았다.

전공 : 중어중문과

복수전공 : 영어영문과

부전공 : 문화관광학

학점 : 3점대 중반/4.3

TOEIC : 900대 초반

인턴십 : 국내 글로벌 전자기업, 국내 5성급 호텔

해외경험 : 미국 1년

스펙만으로는 엄친딸이었다. 전공을 무려 3개씩이나 했음에도 학점이 3점대 중반이었다. 그것도 만점이 4.5가 아닌 4.3인데도 말이다. 그 학생은 통번역 대학원에 가고 싶어 했다. 동시통역사가 되는 게 목표라고 했다. 3가지 전공을 미루어봤을 때 충분히 예측 가능한 답변이었다.

그런데 국내 대기업과 호텔 인턴 경험이 마음에 걸렸다. 동시통역사를 하고 싶다면 일반 기업에서 왜 인턴 경력을 쌓은 것일까?

"일반 기업으로 취업할 생각이 없나요?"

"없습니다."

"왜요?"

"국내 글로벌 전자기업에서 인턴을 한 적이 있는데요, 너무 질렸어요."

'질렸다'는 단어에 악센트를 주어 말했다. 감정이 담겨 있었다.

선배들이 일하는 모습을 보며 이건 아니라는 생각이 들었다고 한다. 평일에는 평균 10시, 11시에 퇴근하고, 주말에도 특근을 하는 것을 보고 그렇게까지 직장생활을 할 자신이 없었다고 덧붙였다.

"그럼, 동시통역사는 왜 되려고 하나요?"

"동시통역사는 대개 프리랜서잖아요. 시간 조절이 가능하고, 결혼하고 아이를 낳고서도 오래도록 할 수 있는 일이라서 선택했어요."

여기서 방점은 '결혼'이나 '육아'가 아니라 '오래도록'이다. 이 학생은 일반 기업은 결혼을 하거나 혹은 출산을 한 뒤에는 지속하기 힘들다고 여기고 있었다. 반대로 말하면 장기간 한 분야에 오랫동안 매진한다는 말은 '전문성'을 갖고 싶다는 뜻이기도 하다.

문득 그런 느낌이 들었다. 분명히 1명의 학생과 이야기를 나누고 있는데, 어느 순간 그 학생은 사라지고 한 세대와 대화를 하는 듯한 느낌. 내 앞에 앉아 있는 건 25세 여학생이 아니라 20대 집단인 것 같은 느낌. 그 학생과 상담을 하면서 책의 한 구절이 떠올랐다.

20대가 왜 그렇게 취직하기 어려운 줄 아십니까? 사람들은 불경기라서 그렇다고 말하지만 사실은 반대입니다. 20대들은 정확히 하고 싶은 일이 없고, 확실하게 할 줄 아는 일이 없으며, 겁이 많아서 실패는 무진장 두려워하고, 무엇이든 보상이 확실하게 보장되지 않으면 절대 시작도 하지 않으며, 눈은 높아서 자기가 하는 일도 주변의 현실도 모두 못마땅하고, 시시껄렁하고, 옛날 사람들처럼 고생고생하면서 자수성가할 자신도 없고, 하고 싶지도 않고, 어떻게 하면 편하고 안정된 직장을 얻어 돈을 벌 수 있을까만 궁리합니다. 가장 혈기 왕성해야 할 20대가 그런 식이니까 사회가 무기력해지고 경제가 침체해 불경기가 오는 것입니다."

_김형태 〈너 외롭구나?〉 중에서

책에서 말하는 것처럼 지금의 취업난이, 이 불경기가 20대만의 잘못이라고 난 생각하지 않는다. 그렇지만 저자가 지적하는 '편하고 안정된 직장을 얻어 돈을 벌 수 있을까'라는 대목에서는 고개를 저을 수도 없었다. 이와 같은 사고방식, 프레임으로 취업을 바라보니 당연히 '전문성'이라는 단어에 대해서도 오해가 있을 수밖에 없다.

〈전문성〉은 사전적 의미로 '전문적인 성질. 또는 특성', '어떤 영역에서 보통 사람이 흔히 할 수 있는 수준 이상의 수행 능력을 보이는 것'이다. 한마디로 특정 분야에서 발군의 실력을 가진 사람이다. 그 학생이 원하는 것도 바로 이런 전문가였다. 그런데 전문가란 어떻게 되는가?

해당 분야에서의 지식과 경험을 바탕으로 탁월한 성과를 내야 전문가로 인정받는다. 남들 일할 때 일하고 남들 쉴 때 쉬면 전문가가 될 수 없다. 남들보다 1분 1초 더 일해야 되고, 남들 쉴 때조차도 일해야 한다. 전문성이란 게 결국 상대적인 의미이므로 남보다 더 노력해야 전문성이 쌓이고 인정을 받을 수 있다. 게다가 프리랜서로 일하는 전문가는 조직 내에 있는 전문가보다 상황이나 조건이 불리하므로 몇 배 많은 노력을 기울여야 한다.

동시통역사는 이름이 알려지기 전까지는 몸값이 싸기 때문에 적은 대가를 받으며 일을 해야 한다. 심지어 진입 초기에는 무료 봉사를 하며 능력을 인정받아야 할 때도 있다. 노력에 비해 들어오는 건 적다. 게다가 시간 조절도 어렵다. 개인적인 약속이나 일정을 이유로 섭외를 거절할 수 없다. 한두 번 거절하다 보면 거절할 기회조차 생기지 않는다. 어느 순간 연락이 끊어져 버린다.

개인적인 시간도 활용하고 전문성을 인정받으며 오래 일하고 싶다는 말은 전문성을 오해하기 때문에 하는 말이다. 전문성은 자격증이 아니다. 운전면허처럼 한번 따면 끝나는 게 아니다. 자격증도 유효기간이 있고, 토익점수도 만료기간이 있는데 전문성이라고 없겠는가? 전문가로 인정받은 뒤에도 꾸준히 성과를 내야 전문성을 인정받을 수 있다. 전문성과 여유는 결코 양립할 수 없다.

잦은 야근과 특근이 싫어서, 그게 너무 질려서 전문가로 독립하겠다는 얘기는 전제부터가 잘못되었다. 한 분야에서 전문가기 되고 싶은기? 일을 정말 무식히게 시키는 회시에서 일히는 것보다 최소 3배는 열심히 일할 각오를 해야 한다. 1배는 본인 몫만큼, 2배는 회사 몫만큼이다. 3배는 해야 조직과의 경쟁에서도 밀리지 않는다. 3배 정도 열심히 일할 결단이 서지 않았다면 그냥 취업을 하는 게 낫다.

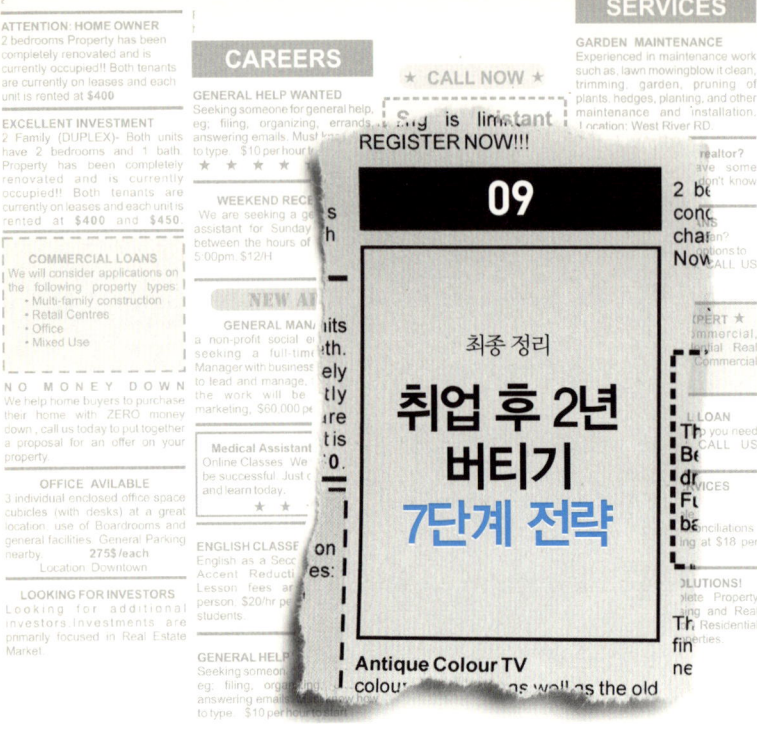

구직자일 때는 '취업만 되면' 모든 문제가 사라질 것 같은데, 막상 취업을 하면 그렇지 않다. 오히려 모든 문제가 일시에 불거진다.

다음의 일곱 가지 순서로 취업을 준비한다면 취업 이후에 겪게 될 문제를 예방할 수 있다.

①단계 구직활동을 할 때부터 취업 이후를 생각하면서 취업을 준비한다.

②단계 동기 발견을 통해 취업이 그 누구의 일도 아닌 자신의 일임을 인식한다.

③단계 동기 발견을 위해 자기 이해를 먼저 한다.

④단계 스펙─목표 관련 자신의 현재 상태를 파악하고 그에 맞는 취업전략을 세운다.

⑤단계 취업 목표를 직무-업종-기업 순으로 설정한다.

⑥단계 직무─업종─기업 분석을 철저히 한다.

⑦단계 취업 목표 설정 후 컨설턴트와 학교 취업부서의 도움을 받으며 취업을 준비한다.

죽지 못해서 하는 취업, 즐거움이 넘치는 취업. 같은 취업이어도 어떤 이에게는 지옥이요, 어떤 이에게는 천국이다. 즐겁지 않으면 살아남을 수 없는 시대이다. 즐거움이 넘치는 취업이 되기를 간절히 바란다.

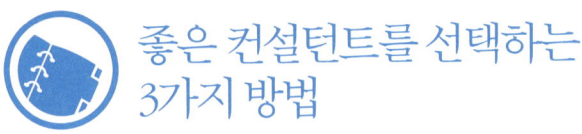

좋은 컨설턴트를 선택하는 3가지 방법

취업난과 취업프로그램은 정비례 관계다. 취업난이 심해질수록 취업 프로그램은 늘어난다. 취업 컨설턴트들의 숫자도 따라서 늘어난다. 학생들이 접할 수 있는 컨설턴트도 많아지고 다양해진다.

공급이 많으면 선택의 문제가 생긴다. 이 때문에 쇼핑하듯 컨설턴트를 바꿔가며 컨설팅을 받는 구직자들이 생겼다. 컨설턴트 '간'을 보고 다니는 것이다. 컨설턴트 입장에서는 그리 달가운 일이 아니다. 더욱이 구직자 입장에서도 바람직한 방법이 아니다. 여러 명의 컨설턴트에게 동시에 컨설팅을 받으면 의사결정에 독이 되는 경우가 많다. 컨설턴트마다 컨설팅 스타일이 다르고, 지식과 경험에서 차이가 나기 때문이다.

취업 컨설팅은 컨설턴트 수만큼 컨설팅 방법이 있다고 보면 된다. 그래서 동시에 여러 명에게 컨설팅을 받게 되면 동일 사안에 대해서 반드시 상반된 견해를 듣게 된다. 그로 인한 혼란은 고스란히 본인 몫이다. 합리적인 선택 같아 보이지만 알고 보면 매우 비합리적이다. 결국 손해는 자신이 본다. 이런 헛똑똑이가 되지 않으려면 한 명의 컨설턴트에게 꾸준히 컨설팅을 받는 것이 좋다.

여러 명의 컨설턴트 중에서 한 명을 선택할 경우 다음의 3가지 기준을 따르면 좋다.

첫째, 접근성

컨설팅은 오프라인 1:1 대면 컨설팅이 효과가 크다. 이력서 컨설팅의 경우는 온라인이나 전화로도 가능하지만 진로나 직무 설정의 경우, 직접 만나야 검사지를 통한 컨설팅과 해석이 가능하다. 면접 컨설팅 역시 전화상으로는 답변의 내용 정도만 조언이 가능할 뿐, 답변시의 태도를 비롯한 비언어적인 요소에 대해서는 피드백을 받기 어렵다. 따라서 오프라인으로 만날 수 있는 컨설턴트인지 확인해야 한다.

둘째, 성실성

메일이나 전화, 문자 등으로 질문 혹은 요청을 했을 때 피드백이 얼마나 빠르지가 중요하다. 취업 컨설턴트들은 대부분 여러 사업에 동시에 투입되는 경우가 많다. 그만큼 관리하는 학생이 많아질 수밖에 없다. 관리하는 학생 수가 늘어나서 답이 늦을 수도 있지만, 대부분의 경우 학생 수보다 개인의 의지나 습관으로 인해 답이 늦는 경우가 다반사다. 답변은 얼마나 빨리 오는지, 지나가듯 던진 말을 얼마나 잘 지키는지 등을 기준으로 성실성을 확인하자.

셋째, 전문성

취업전문업체 중에는 갓 대학을 졸업한 학생에게 간단한 교육을 시킨 후 컨설턴트로 투입하는 회사도 있다. 같은 업계에 종사하는 사람으로서 부끄러운 이야기지만 이는 사실이다. 직무나 회사에 대한 통찰력도, 사회 경험도 없는 신입사원이 자신보다 나이 많은 졸업예정자를 컨설팅하는 것이다. 이런 경우 컨설턴트는 전문성보다는 성실성에 기댄다. 본인을 담당하는 컨설턴트의 경력, 경험이나 지식이 얼마나 풍부한지 컨설팅 초기에 확인해야 한다.

위의 세 가지 관점에서 컨설턴트를 보고 누구에게 지속적으로 컨설팅을 받을지 결정하는 것이 좋다. 위 조건을 충족시키는 컨설턴트는 대부분 각 대학 취업지원 부서에 있는 취업지원관이다. 생각해보라. 학교에서 아무나 뽑겠는가?

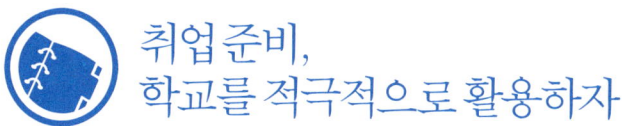

취업 준비,
학교를 적극적으로 활용하자

취업부서 취업프로그램을 할 때면 늘 나오는 이야기가 부익부 빈익빈이다. 취업관련 교육을 충분히 받아서 더 이상 올 필요가 없는 학생들은 꾸준히 찾아오고, 준비가 안 된 학생들은 오히려 피한다.

학교에 취업부서가 어디 있는지 알고 있는가? 그대가 저학년이라면 그럴 수도 있는 일이다. 그런데 고학년이라면 이야기가 다르다. 그만큼 취업에 대해 관심이 없었다는 말이니까. 정말로 졸업반이 되도록 취업부서 위치를 모른다면 부끄러운 줄 알아야 한다. 대부분의 대학에서는 학생들의 접근성을 높이기 위해 취업부서를 학생회관에 둔다. 마음만 먹으면 얼마든지 찾아갈 수 있다. 그런데 그 마음이란 게 취업이 눈앞에 닥쳐야 생기니, 그게 문제다.

각 대학마다 취업률 때문에 난리다. 취업률이 교육과학부에서 시행하는 대학 평가의 중요한 요소이기 때문이다. 때문에 대학 총장이 나서서 직접 취업률을 챙기는 학교들이 많아졌다. 취업률은 취업부서에서 가장 신경 쓰는 부분이다. 그런데 취업률 다음으로 취업부서의 가장 큰 고민이 뭔지 아는가?

취업 교과목? 색 다른 취업 프로그램? 취업 컨설팅 업체 선정? 강사 섭외? 아니다. 바로 학생 모집이다. 취업부서에서는 학기 중이든, 방학 중이든 다양한 취업프로그램을 진행한다. 하지만 늘 학생 모집 때문에 애를 먹는다. 학교 홈페이지에 프로그램 정보를 올리고, 교내 게시판에 공지를 띄우고, 각 학과 조교에게 통보를 하고, 학생들에게 문자를 돌려도 언제나 부족한 참가 인원 때문에 힘겨워 한다. 더 많은 학생들이 보다 다양한 취업 프로그램을 이수해서 더 좋은 곳에 취업할 수 있도록 신경 써야 할 시간에 학생 모집에 시간을 할애하고 있는 것이다.

취업난 속에 중소기업은 구인난을 겪고, 취업난 속에 취업부서는 학생 모집에 어려움을 겪는다. 아이러니가 아닐 수 없다. 학생들이 취업부서를 찾지 않는 이유는 여러 가지가 있을 수 있지만, 그 중 하나가 취업부서 상담 선생님의 실력을 믿지 못하기 때문이다. 과연 그럴까? 2010년도부터 시작된 취업지원관 제도가 3년이 지난 지금은 정착되어 현재 대부분의 대학교에는 취업지원관이 상주해 있다. 취업지원관 대부분은 취업포털 업체에서 학생들을 컨설팅하거나 경력관리 업체에서 컨설턴트로 활동하며 경력을 쌓은 사람들이다. 나 역시 〈커리어〉, 〈스카우트〉를 거쳐 2010년도에 취업지원관으로 숙명여대에서 근무했다.

학생들은 가까운 곳은 버려두고 먼 데서 전문가를 찾는다. 부탁인데 제발 몇

십만 원, 몇 백만 원 들여 가면서 사설 취업 컨설팅 받지 마라. 그대가 다니는 학교에 가면 얼마든지 무료로 받을 수 있다. 한번은 상담했던 학생이 취업을 했다며 인사를 왔는데, 표정이 그렇게 밝아 보이지 않았다. 괜찮은 회사에 평균 이상의 연봉을 받고 정직원으로 입사한 학생이었는데 왜 그런지 의아했다. 물어봤더니 사설 취업컨설팅 업체에서 컨설팅을 받았는데 큰 도움이 되지 않았고, 도리어 나에게 컨설팅 받은 것이 실제로 도움이 되어 취업을 했기 때문에 생돈을 날리게 되었다는 것이었다. 해당 업체와 컨설팅 계약을 할 때 컨설팅 비용을 받지 않는 대신, 취업하게 되면 연봉의 10%를 주는 조건이어서 몇 백만 원을 고스란히 날리게 된 것이다.

사설 취업컨설팅 업체가 나쁘다는 것이 아니다. 무료로 이용할 수 있는 인프라를 옆에 두고 불필요한 지출을 할 필요는 없지 않는가. 너무나 안타깝다. 아는 만큼 보이고, 보이는 만큼 느낀다 했다. 이는 취업부서에서 어떤 일을 하는지 모르기 때문에 발생하는 일이다. 취업부서에서는 다음과 같은 업무들을 신행한다.

- 진로 및 취업 상담(자기이해 상담 – Holland, MBTI, 직업가치관 검사 등)
- 취업 및 진로가이드 제작 및 배포
- 진로 교육 및 캠프 진행
- 채용설명회(캠퍼스 리크루팅)

- 국내외 인턴 및 구인처 발굴

- 취업 추천

- 취업강좌 및 취업특강 진행

- 취업캠프 및 취업 교육 아카데미 진행

- 이력서, 면접, 구직전략 교육 및 컨설팅

- 직무 및 업종 이해 교육

- 역량강화교육(프레젠테이션, 커뮤니케이션, 컴퓨터 활용 등)

- 모의면접

- 인적성 검사 교육 및 모의테스트

- 취업동아리 운영

더 많은 일들이 있지만 학생들과 직접적으로 관련이 있는 일들은 이와 같다. 취업부서는 취업경력개발센터, 사회진출센터, 취업지원팀, 인적자원개발센터, 여대생커리어센터 등으로 불린다. 교내에 이와 유사한 이름을 가진 부서들이 있을 것이다. 무작정 찾아가보라. 재학생은 물론 졸업자라도 반갑게 맞아줄 것이다(교과부 통계 중에 취업유지율이라는 것이 있어, 취업부서 입장에서는 졸업생의 취업 여부도 중요하다.).

인디언이 기우제를 지내면 반드시 비가 온다. 확률이 100%다. 그들에게 아주 뛰어난 영적 능력을 가진 레인메이커Rain Maker가 있어서가 아니다. 이유는 비가 올 때까지 기우제를 지내기 때문이다. 그들은 될 때까지 한다. 그래서 인디언의 기우제는 한 번도 실패한 적이 없다. 인디언은 자신들이 원하는 것을 이룰 때까지 긍정적인 마음가짐으로 끊임없는 인내한다. 인생은 단거리가 아닌 장거리이기에 삶에 있어 중요한 것은 재능이 아니라 인내다.

아직 취업을 못했다면 학교의 취업부서를 무조건 방문하라. 언제까지? 취업이 될 때까지!
꾸준함이 실력을 이긴다. 인내가 재능을 넘어선다. 그대도 예외는 아니다.

취업 앞에서
머뭇거리는 당신에게

초판 1쇄 발행 2013년 3월 15일

지은이 안시우
펴낸이 김재현
펴낸곳 (주)지식공간

출판등록 2009년 10월 14일 제300-2009-126호
주소 서울 마포구 합정동 373-4 성지빌딩 706호
전화 02-734-0981
팩스 0303-0955-0981
메일 editor@jsgonggan.co.kr
블로그 http://blog.naver.com/nagori2
페이스북 www.facebook.com/#!/jisikgg

편집 권병두
디자인 엔드디자인 02-338-3055

ISBN 978-89-97142-14-9 03320

이 도서의 국립중앙도서관 출판시도서목록(CIP)은 e-CIP 홈페이지(http://www.nl.go.kr/ecip)와 국가자료공동목록시스템(http://www.nl.go.kr/kolisnet)에서 이용하실 수 있습니다. (CIP제어번호: CIP2013001225)